Jutta Radel

Ein Fest wie Weihnachten

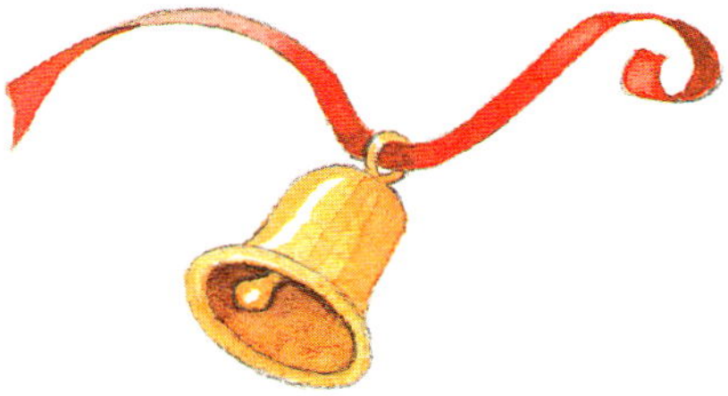

Für Dror und Patric

Zur Autorin:
Jutta Radel, in Hamburg geboren, lebt seit 1970 am Zürichsee in der Schweiz. Sie war Buchhändlerin und Lektorin, arbeitet heute als Redakteurin bei einer Jugendzeitschrift. Sie schreibt Geschichten und veröffentlicht Kochbücher. Zahlreiche Publikationen auf dem Gebiet der Kinderliteratur – vor allem Anthologien für die jüngeren Leser.
In der Benziger Edition hat Jutta Radel ebenfalls herausgegeben:
»Vampire und Gespenster«

Zur Illustratorin:
Marlis Scharff-Kniemeyer, geboren 1949, studierte Fotografie und arbeitete einige Jahre als Fotografin in der Schweiz und in Deutschland. Den Wunsch, nicht mit dem Fotoapparat, sondern mit der Hand zu zeichnen, erfüllte sie sich durch ein Grafikstudium, das sie mit dem Schwerpunkt »Illustration« absolvierte. Danach folgten freiberufliche Tätigkeiten als Grafikerin und Illustratorin. 1984 illustrierte sie ihr erstes Kinderbuch, dem viele weitere folgten.
Marlis Scharff-Kniemeyer lebt in Frankfurt.

Jutta Radel

Ein Fest wie Weihnachten

Das UNICEF-Weihnachtsbuch

Mit farbigen Bildern
von Marlis Scharff-Kniemeyer

Arena

Inhalt

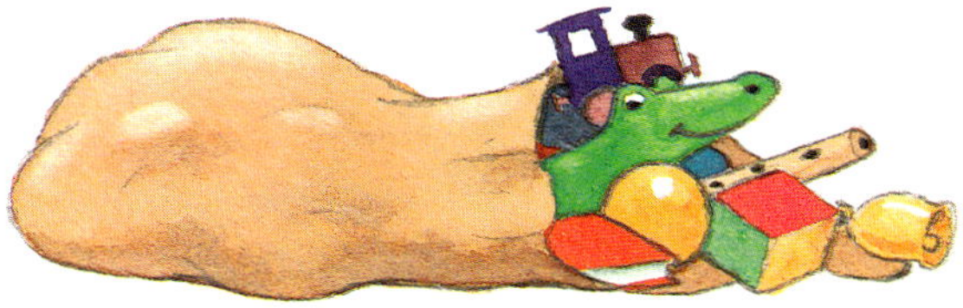

Schweden
Deutschland
Schweiz
Portugal
Italien
Marokko
Nigeria
Vereinigte Staaten
Kolumbien
Brasilien

Ein Fest wie Weihnachten

In vielen Ländern der Welt feiern die Menschen Weihnachten. Sie erinnern damit an den Geburtstag eines Kindes, das vor bald zweitausend Jahren geboren wurde, um den Menschen Frieden zu bringen. Du weißt ja, was bei uns zu Weihnachten gehört: der geschmückte Tannenbaum mit brennenden Kerzen, Weihnachtslieder, Weihnachtsbäckerei, der Weihnachtsmarkt, Bastelnachmittage, ein nächtlicher Kirchgang und natürlich Geschenke. Wir lieben diese Tradition, weil sie zu unserer Kultur gehört. Weißt du aber auch, daß Weihnachten nicht überall gleich gefeiert wird und viele Menschen dieses Fest überhaupt nicht kennen?
Im vergangenen Jahr lernte ich bei einer Waldweihnacht Mirco kennen, einen Jungen aus Serbien. Für ihn war der Tannenbaum mit seinen Lichtern etwas Neues. Er sagte: »Bei uns ist das ganz anders!« Dies gab den Anstoß, mich in der Welt umzusehen. Ich wollte wissen, wie die Menschen anderswo Weihnachten feiern.

Meine Reise führte mich zuerst in Mircos Heimat, dann in den Süden Europas, in den Vorderen Orient, durch Afrika und bis nach Asien. Ich kam nach Südamerika, machte in Nordamerika Halt, flog in den Norden Europas und kehrte wieder in unsere Gegend zurück.
Ich war erstaunt über die verschiedenen Bräuche und erkannte, daß sich die Menschen in ganz anderer Weise und über ganz andere Dinge freuen als wir. Ich habe auch entdeckt, daß längst nicht alle Menschen auf der Welt Weihnachten feiern. Es gibt auf der Erde verschiedene Religionen und viele Völker mit einem anderen Glauben. Auch sie feiern Feste. Auch ihre Feste sind Höhepunkte im alltäglichen Leben und haben uralte Traditionen wie bei uns. Manche Feste verwundern uns vielleicht, weil die Menschen an einen Gott oder an eine Idee glauben, die uns fremd sind. Aber ist es eigentlich wichtig, welcher Religion die Menschen angehören? Ich denke, wesentlich ist nur, daß wir Toleranz und Respekt gegenüber einem anderen Glauben haben und bereit sind, zu lernen, ihn zu verstehen und anzuerkennen.
Nun sieh selber, was ich dir von der weiten Reise mitgebracht habe: Geschichten und Bräuche, Lieder und Spiele, Rezepte und Bastelideen von Menschen, die Weihnachten feiern, und von Menschen, die andere Feste begehen.

Alle Jahre wieder

Komposition: Friedrich Silcher
Text: Wilhelm Hey

Kehrt mit seinem Segen
ein in jedes Haus,
geht auf allen Wegen
mit uns ein und aus.

Steht auch mir zur Seite,
still und unerkannt,
daß es treu mich leite
an der lieben Hand.

SCHWEIZ

Waldweihnacht

Es ist schon fast dunkel. Dani und Mirco stapfen den Kienastweg hinauf. Festgefrorener Schnee knirscht unter ihren Schuhen. Dani spürt Mircos Hand. Ohne daß sie es merken, fassen sie sich an. Das macht Mut, jetzt, wo der Weg an den Tannen vorbei führt. Wie Gespenster stehen sie da, so schwarz und schattenhaft. Irgendwo ru-huft jemand, und da – im Unterholz raschelt es.
Drüben am Rande der Lichtung feiert eine Jugendgruppe Waldweihnachten. Dani gehört dazu, und heute hat er Mirco im Schlepptau.
»Weil du mein Freund bist, mußt du unbedingt mitkommen«, hat Dani ihn überredet. Er schnuppert, schon aus der Entfernung riecht er: »Die haben Feuer gemacht. Da wird es schön warm sein.«
Mirco bleibt stumm. Ihm ist nicht kalt. Mit Mütze, dickem Schal und Handschuhen ist er gegen die Kälte gut gewappnet. Trotzdem ist ihm nicht wohl. Am liebsten würde er wieder umkehren, nach Hause, und nicht zu den fremden Mädchen und Jungen mitgehen. Dani spürt das und läßt nicht locker. »Du wirst sehen, die mögen dich.«

In der Mitte des Waldes, auf einer Lichtung, lodert ein Feuer. Zweige knacken und spucken helle Funken.
»Hallo!« rufen Kinderstimmen, als sie Dani sehen.
»Hallo! Ich hab' Mirco mitgebracht. Er wohnt bei uns im Haus und kommt aus Jugoslawien.«
André streckt Mirco eine Fackel entgegen. »Für dich. Die kannst du nachher anzünden.«
Toll, denkt Mirco, der ist nett.
Inzwischen haben sich die Kinder im Kreis um das Feuer geschart. Gegenüber von Mirco steht eine Gruppe Musikanten mit Trompeten, Hörnern und Klarinetten. Wegen der Kälte spielen sie mit Handschuhen, die die Fingerspitzen freilassen. Christian dirigiert sie im Schein

des Feuers. Plötzlich singen alle »O du fröhliche, o du selige«, und das Lied hallt bis zum Rand des Waldes.
Das kenn' ich, freut sich Mirco. Das haben wir bei uns auch gesungen, auf Kroatisch.
»He, du träumst.«
Es ist ganz still geworden. Dani und die anderen Kinder treten nah ans Feuer. Mit zwei Riesenschritten ist Mirco wieder bei ihnen. Sie zünden einander die Fackeln an, und die Lichtung wird hell und heller. Jetzt zeichnen die Mädchen und Jungen mit feierlichen Schritten einen großen Stern in die Wiese. Ein Stern, aus dem eine lange Kinderkette wird.
»Nun kommt unser Nachtspaziergang«, flüstert Dani. »Bleib einfach neben mir. Wir gehen zur Weihnachtstanne.«
Der Pfad durch den Wald ist mit Joghurtbechern markiert, in denen Kerzen brennen. Mit ihren Fackeln erhellen die Kinder die dunkle Nacht. Und wieder kommen sie auf eine Lichtung, auf der eine einzelne Tanne steht, ziemlich groß und geschmückt.
»Die gibt es schon immer«, flüstert Dani. »Paul, unser Jugendleiter, hat erzählt, daß die Tanne früher ein winzig kleiner Christbaum war, auf die man rundherum Kerzen stecken konnte.«
Nun ist aus dem Bäumchen ein Baum geworden, und Kerzen gibt es nur, so hoch die Leiter reicht.
Die Jungen und Mädchen rücken eng zusammen in einem Halbkreis. Sabine liest die Weihnachtsgeschichte vor.
»Versteh' ich nicht«, murmelt Mirco, und Dani raunt zurück: »Macht nichts. Das ist die Geschichte von der Geburt Jesus Christus. Die hörst du sicher noch in eurer Schule.«
Dafür ist Mirco das nächste Lied bekannt. »Stille Nacht, heilige Nacht«, singen wir auch, denkt er.
Wie sie so zusammenstehen, Mirco, Dani und die anderen Kinder, und Weihnachtslieder miteinander singen, fühlt er sich gar nicht mehr fremd.

Die Wiese am Stadtrand liegt im Schnee. Am Himmel funkeln Sterne. Es ist kalt. »Schön«, flüstert Mirco in Danis Ohr. »Du bist wirklich mein Freund. Mein bester.«
»Und du meiner. Ehrlich!«

Zum Selbermachen: Duftkerzen

Im Dezember, wenn die Tage manchmal gar nicht hell werden, verscheuchen Lichter trübe Gedanken. Mit ein paar Tropfen Rosenöl, Orangenblüte oder Melisse kannst du Duftkerzen gießen.

Was du brauchst:

Sammle in der Adventszeit und während des ganzen Jahres Kerzenstummel.
Zum Kerzengießen gibt es verschiedene Formen: Joghurtbecher, Kartonrollen, kleine Blechdosen, würfelförmige Schächtelchen, Plätzchenausstecher, kleine Puddingformen.
Duftessenzen, Harze und Öle bekommst du in Drogerien, in Kräuter- und Duftläden, natürlich auch auf dem Weihnachtsmarkt.
Dochte am Meter findest du in Bastelläden
Des weiteren brauchst du etwas Speiseöl, Alufolie und eine Stahlstricknadel.

So wird's gemacht:

Die Kerzenstummel gibst du in eine Konservenbüchse und stellst diese in ein Wasserbad. Auf der Herdplatte erhitzen. Wenn das Wachs zu schmelzen beginnt, schaltest du die Platte aus. Die Wassertemperatur soll nicht über 95 Grad steigen. Kontrolliere sie mit einem Thermometer. Mit einer Pinzette kannst du die alten Dochte herausfischen.
Danach rührst du ein paar Tropfen Duftessenz unter das flüssige Wachs.
Die Gießformen aus Porzellan, Blech oder Kunststoff reibst du hauchdünn mit Speiseöl ein.
Wenn du Ausstechformen benützt, lege sie auf ein Stück Alufolie. Darunter kommt ein Teller. Die Formen fest auf die Unterlage drücken.
Das Wachs in die Formen gießen.
Die Dochte schneidest du entsprechend der Kerzenlängen zu, tauchst sie kurz in flüssiges Wachs und hältst sie straff gespannt, bis das Wachs fest wird.
Nun bohrst du mit einer erhitzten Stahlstricknadel ein Loch in die Kerze und drückst den Docht hinein. Zum Schluß gießt du rundherum ein wenig flüssiges Wachs nach.

SERBIEN

Das Eichenbäumchen

Mirco ist mit seiner Familie aus Jugoslawien gekommen und lebt seit zwei Jahren in der Schweiz. Er ist Serbe und orthodoxen Glaubens. Seitdem die verschiedenen Völker in seiner Heimat eigenständig leben wollen, betonen Serben, Kroaten und die Menschen aus Slowenien, Wojwodina, Montenegro, Kosovo, Makedonien auch in der Fremde ihre Nationalität. Die christlichen Gemeinden der Ostkirche nennen sich Orthodoxe.
Mircos Lehrerin Jelica erzählt von den Weihnachtsbräuchen in ihrem serbischen Heimatdorf:

»Als ich noch klein war, da begann bei uns zu Hause die Weihnachtszeit lange vor dem Fest mit dem Weihnachtsfasten. 40 Tage dauerte das. Wir durften kein Fleisch essen, keine Eier und Butter und auch keine Milch trinken. Aber das machte nichts. Am Andreas-Tag, mitten im Dezember, pflanzten wir in einem Teller mit Erde ein paar Weizenkörner. Die sollten bis Weihnachten gleichmäßig hoch sprießen, denn das bedeutet Glück für das ganze Jahr.
Weihnachten beginnt bei uns am 6. Januar. Noch vor Sonnenaufgang fällte unser Vater den Weihnachtsbaum, den wir ›Badnjak‹ nennen. Vater trug dabei Handschuhe, damit das kommende Jahr nicht nackt würde. Badnjak ist ein junger Eichenbaum, manchmal auch nur ein Eichenzweig. Am Abend, wenn die ersten Sterne schienen, stellten wir draußen viele Kerzen auf. Wir schnitten ein Zweiglein vom Baum, schmückten ihn und hingen ihn an die Haustür. Dann schritt Vater durch die Kerzenreihe und trug den Badnjak ins Haus. Er wünschte zuerst Mutter und dann uns Kindern ›Badujedon‹, einen frohen Heiligen Abend.
Mutter stand in der Küche beim offenen Herdfeuer. Sie bestreute den

Badnjak mit Getreidekörnern, dann legte Vater ihn auf das Feuer. Die vielen Funken, die das Feuer spuckte, sollten ebenfalls Glück bringen. Es war immer ein schönes Feuer, das Badnjak-Feuer. Es bedeutete Licht für die Welt und durfte die ganze Nacht nicht ausgehen. Immer mußte jemand von uns beim Feuer bleiben und es hüten. Ich wollte in der Heiligen Nacht auch immer Wache halten, doch meistens rüttelte mich mein Bruder Jeton wach, wenn er mich ablöste.

Dann, am 7. Januar, war richtig Weihnachten: ›Bozic‹. Wir haben viele Bräuche rund um das Bozic-Fest. Auch Stroh gehört dazu, das Mutter im ganzen Haus ausstreute. Es blieb drei Tage liegen. Das Stroh erinnert uns an die Geburt Christi und daran, daß Jesus in einer Krippe lag. Natürlich gab es ein großes Weihnachtsmahl. Aber erst am ersten Weihnachtstag. Am Heiligen Abend stand eine Schüssel mit Früchten auf dem Tisch: Äpfel mit roten Backen, das war wichtig, und Nüsse, Mandeln und Datteln, Bohnen, Mais und Knoblauch lagen darin, und jede Frucht hatte ihre besondere Bedeutung. Mutter gab jedem ein Stück Apfel mit Knoblauch und Honig. Damit begann unser Abendessen.«

»Wirklich schön war unser Bozic«, seufzt Jelica. »Es bleibt mir immer in Erinnerung.«

Plötzlich steht sie auf, geht in die Küche und kommt mit einem Teller zurück, den sie auf den Tisch stellt: hochgeschossene Weizenkeime und in der Mitte eine brennende Kerze.

»Das ist mein Weihnachtsweizen mit dem ewigen Licht«, sagt sie.

Zum Selbermachen: Weihnachtsweizen

Was du brauchst:

Als Unterlage kannst du Teller oder flache Blumenschalen verwenden.
Dann brauchst du noch etwas Blumenerde und Weizenkörner.
Die Körner bekommst du in Reformhäusern und Bio-Läden.
Als ewiges Licht verwendest du eine Kerze.

So wird's gemacht:

Die flache Blumenschale füllst du mit Erde und feuchtest diese gut an. Auf die Erde streust du die Weizenkörner und deckst sie mit ganz wenig Erde zu. Damit die Aussaat gut aufgeht, stellst du die Schale an einen warmen, hellen, luftigen Platz. Achte darauf, daß die Weizenkörner nur mäßig feucht gehalten werden, weil sie gerne zu Schimmelbildung neigen. Schon nach 8 bis 12 Tagen fangen sie an zu sprießen. Du kannst dir also ausrechnen, wann du deinen Weizen aussäen mußt, damit die Keimlinge bis Weihnachten ein paar Zentimeter hoch gewachsen sind. Und als ewiges Licht steckst du eine Kerze in die Mitte der Schale.
Weizenkeimlinge kann man auch essen. Sie schmecken leicht süß und werden in Salate gemischt oder über Müsli und Suppen gestreut.

Sonnenwende statt Weihnachten

Lange bevor die Menschen bei uns Weihnachten feierten, kannten sie ein anderes Fest: die Sonnenwende. Am 21. Dezember ist der kürzeste Tag und die längste Nacht. Danach wird jeder Tag wieder etwas länger. Das freute die Menschen, die den dunklen Winter nicht mochten, und sie feierten diese Wende.
Erst als das Christentum sich ausbreitete, legte man das Weihnachtsfest auf ein Datum um die Sonnenwende fest: auf den 24. Dezember. Die Christen wollten damit ausdrücken, daß die Geburt von Jesus wie eine Sonnenwende sei: hoffnungsvoll und licht.

ITALIEN

An Weihnachten sind wir alle Italiener

Seit gut zehn Jahren leben die Vareses schon in Chicago, in einer Straße, in der fast nur Italiener wohnen. Zwei Brüder von Vater Varese und ein Onkel der Mutter wohnen auch hier. Der Onkel war als erster hierhergekommen, er hat einen nach dem andern überredet, auch nach Amerika auszuwandern. Sie arbeiten jetzt alle in der großen Fabrik hinter dem Bahnhof.
Marco und Gianni, die Kinder der Vareses, sprechen gut Englisch, besser als ihre Eltern. »Sie sind schon richtige Amerikaner«, sagt Vater Varese. »Aber an Weihnachten«, sagt die Mutter, »da sind wir alle Italiener.« Und das sieht man, wenn man an den Tagen vor Weihnachten in die Wohnstuben kommt. Da wird überall eifrig an der Weihnachtskrippe gearbeitet. Hier und dort entstehen richtige kleine Kunstwerke, eines noch schöner als das andere. Bei Tante Maria sind die Figuren aus festem Teig gebacken, sie bemalt sie mit bunten Glasuren. Jedes Jahr kommen neue Figuren dazu. Anfangs standen nur Maria und Josef und das Kind in der Krippe im Stall. Im nächsten Jahr kamen die Hirten dazu, dann die Weisen aus dem Morgenland. Inzwischen versammeln sich um die Krippenszene allerlei Gestalten aus dem Heimatort der Vareses in Sizilien: der Lehrer und der Pfarrer, die Verwandten und Bekannten, die in dem Dorf wohnen. Wenn dann die Onkel und Tanten und die Familie von Marco und Gianni am Weihnachtsnachmittag zu Besuch kommen, dann sind sie neugierig: Wen hat Tante Maria denn in diesem Jahr neu hinzugebacken? Und sie raten, wenn sie die Figuren sehen: Das ist doch der und der!
Weihnachten gehen die Besuche hin und her in der italienischen

Straße von Chicago. Die Hauptsache sind immer die kunstvollen Krippen, die man gegenseitig bewundert, die holzgeschnitzten Figuren von Onkel Stefano oder die Pappmachégestalten der Mercatos, die richtige Stoffkleider anhaben. Bei dem Großonkel steht ein ganzes Gebirge mit einer Höhle für die Heilige Familie, alles aus Kunstholz geformt und geschnitzt.

Marco und Gianni bestaunen all die Wunderwerke. Aber die schönste Krippe, so denken sie, steht in ihrer eigenen Wohnstube. Die Landschaft, die Vater Varese um die Krippenszene herum gebaut hat, das erkennt jeder sofort, das ist doch die Kirche aus unserm Dorf in Sizilien, und das ist die Schule, und das das kleine Haus, in dem wir alle geboren sind.
Wenn Vater Varese die Krippe aufbaut, dann erzählt er den Kindern, wie es zu Hause in dem Dorf aussah, wie er als Junge Vögel gefangen und die Schafe gehütet hat, und wie sie in der Weihnachtsnacht in die Dorfkirche gingen.

»Weihnachten«, so erzählt er, »kamen die Hirten ringsum von den Bergen in das Dorf und machten auf ihren Flöten und Geigen Weihnachtsmusik. Geschenke gab's aber erst zwölf Tage nach Weihnachten, am 6. Januar. Da kam die Befana zu uns. Wir hörten sie schon von weitem. Sie stützte sich bei jedem Schritt auf einen Stock und läutete dabei mit einem Glöckchen. Wir spitzten die Ohren, wenn das Glöckchen zu klingeln aufhörte, dann blieb sie vor unserm Haus stehen und füllte unseren Strumpf mit süßen Sachen.«
Jedes Jahr hören die beiden Jungen auch die Geschichte von der Befana, die einst vor urlanger Zeit in ihrem Häuschen am Webstuhl saß. Da klopften die drei Weisen an ihre Türe. Sie baten die Befana, mit ihnen zu kommen nach Bethlehem, um das neugeborene Jesuskind zu sehen. Aber die Befana wollte erst ihren Stoff zu Ende weben. Die Weisen gingen schon voraus, und als die Befana fertig war, lief sie hinter den drei Weisen her. Aber sie fand den Weg und auch die Heilige Familie nicht, soviel sie auch suchte. Seitdem zieht sie mit

ihrem Stock durch die Welt und durch den Himmel. Jedes Jahr am 6. Januar kommt sie an den Häusern vorbei, in denen Kinder wohnen, und legt ihnen gute Sachen in den Strumpf. Bei manchen legt sie ein Stück Kohle dazu, das sind die Kinder, die etwas getan haben, was man nicht tun darf.
Wenn der Vater Varese von der Befana und von Sizilien erzählt, dann strahlt er über das ganze Gesicht, und dabei schaut er in die Ferne, so, als ob er da in ein Wunderland blickte. Dann sagen Marco und Gianni: »Wann fahren wir nach Sizilien?« Dann schauen sich die Eltern an – ein bißchen traurig und ein bißchen verschmitzt. »Das müßt ihr die Mutter fragen«, sagt dann der Vater. Die Mutter hat einen »Sparstrumpf«, so sagt sie. Sie bringt jeden Monat ein paar Dollar zur Bank. Wenn sie genug zusammenhat, werden von dem Geld vier Flugkarten nach Sizilien gekauft.

»Eins versteh ich nicht«, sagt Gianni, »wenn es in Sizilien so schön ist, warum seid ihr dann nicht dort geblieben, und warum ziehen wir nicht ganz dorthin!« Jetzt verändert sich auf einmal das Gesicht des Vaters, er blickt nicht mehr träumend in die Ferne, er ist ganz hier in Chicago und schüttelt energisch den Kopf: »Nein, leben und arbeiten und Geld verdienen, so wie hier, das kann man dort nicht.« Und dann versucht er, den beiden zu erklären, warum in Sizilien so viele Leute arm sind.

Ruth Dirx

Zum Selbermachen: Weihnachtskrippe

In Italien ist die »Presepio«, die Weihnachtskrippe, Mittelpunkt des Weihnachtsfestes. Überall in den Wohnungen und Kirchen werden ganze Landschaften aufgebaut, und unzählige kunstvolle Figuren erzählen von der Weihnachtsgeschichte.
Etwas ganz Besonderes ereignet sich in Rom. In der Vorweihnachtszeit kommen Hirten in Ziegenfelljacken aus den Bergen. Mitten im Großstadtlärm spielen sie auf Dudelsäcken und Hirtenflöten alte Volksweisen. Aber sie musizieren nicht, um gefühlvolle Weihnachtsstimmung zu erzeugen. Sie sind arm und verdienen sich mit ihren Liedern etwas Geld.

Was du brauchst:

In einem Schreibwarengeschäft besorgst du dir mehrere Bögen Karton: Du brauchst dünnen und festeren Karton.
Außerdem benötigst du noch Schere und Klebstoff.
Zum Ausschmücken der Krippe kannst du Glanzpapier verwenden, farbige Stifte oder Wasserfarben.

So wird's gemacht:

Zuerst malst du die Schablonen für die Figuren, die zur Krippe gehören, auf Papier. Das Kind in der Krippe, Maria und Josef, Hirten, Schafe, vielleicht auch Könige und den wegweisenden Stern.
Die Schablonen müssen sehr einfach sein und Standflächen haben. Du schneidest sie aus, legst sie auf dünnen Karton und schneidest diesen den Umrißlinien folgend aus.
Die Figuren aus Karton malst du an. Die Standflächen schneidest du in der Mitte ein. Eine Hälfte wird nach vorn, die andere nach hinten geklappt. So kannst du sie standfest aufkleben.
Aus einem festen Karton schneidest du den Boden.
Aus einem dünnen Karton entstehen Seitenwände und ein Dach für die Hütte. Die kannst du anmalen und schmücken.

PORTUGAL

Stechpalmen, Moos und Pinienkerne

Im Advent, wenn es bei uns schon lange naß und kalt ist, sitzen die Menschen in Lissabon immer noch draußen in Straßencafes. Sie sind natürlich wärmer angezogen als im heißen Sommer, doch die Sonne scheint, und die Luft ist durchwärmt. Kinder spielen auf der Straße, Frauen stehen in den Gassen zusammen und plaudern.
Schon am Nachmittag wird es dunkel, dann funkeln weihnachtliche Lichter und grelle Leuchtreklamen um die Wette. »Boas Festas« steht in großen Leuchtbuchstaben über dem Warenhaus: »Schönes Fest!« Ein Weihnachtsmann läuft vor dem Eingang hin und her und verkauft Luftballons.
Die Familie Neto sitzt gegenüber in einem Straßencafe und schaut dem geschäftstüchtigen Weihnachtsmann zu.
»Schön warm ist es hier«, schwärmt Clara. »Bei uns hat es schon geschneit.«
Rosalina staunt: »Wirklich? Schnee kenn' ich gar nicht.«
Clara und ihre Eltern sind mit dem Flugzeug aus Deutschland gekommen, weil sie in ihrer Heimat Portugal Weihnachten feiern wollen.
Alle waren zur Begrüßung auf den Flughafen gekommen: die Großeltern, Tante Maria und Onkel Jorge, auch Rosalina, Isabel und Manuel, Claras Cousinen und Cousin.
Einfach schön, wie sich die Verwandten über unsere Ankunft gefreut haben, denkt Clara.
Jetzt warten alle auf Onkel Jorge, der den Kleinbus holt, mit dem sie in Mamas und Papas Heimatdorf fahren.
»Wollen wir uns im Auto zusammensetzen?« fragt Clara und zupft

Rosalina am Ärmel. »Gut«, sagt Rosa, »wer zuerst drin ist, hält einen Platz frei.«

Drei Stunden dauert die Fahrt. Da haben die Mädchen viel Zeit, sich zu unterhalten.

Clara erzählt von der Stadt in Deutschland, in der sie wohnen und ihre Eltern arbeiten, und natürlich von der Schule, in die sie geht. Rosalina erzählt vom Sommer am Meer und von den Kindern, die in den Ferien da waren. Und dann erinnern sich die Mädchen an letztes Jahr und wie sie an Weihnachten zusammen Nuß-Spiele gemacht haben.

»Natal« – so heißt Weihnachten auf Portugiesisch – beginnt eigentlich zwei Tage vor dem 24. Dezember. Dann nämlich, wenn die Kinder in den Wald gehen und Stechpalmenzweige holen. Sie suchen nach Moos und sammeln Pinienzapfen. Aus den Stechpalmen binden die Erwachsenen dann Sträuße und schmücken damit ihre Häuser. Das Moos brauchen sie für die Krippe.

Eine Weihnachtskrippe mit Figuren aus Holz oder Porzellan haben in Portugal alle Familien. Jedes Jahr wird sie hervorgeholt und aufgestellt. Die Kinder bauen aus Moos eine Landschaft. Wiesen entstehen und Hügel, Häuser werden aufgestellt, und auf einer Anhöhe steht der Stall mit Maria und Josef und dem Jesuskind in der Krippe. Der Stall wird natürlich mit Moos ausgekleidet, ebenso wie die Krippe. Die Krippe ist der Mittelpunkt in der Weihnachtsstube und viel wichtiger als der Tannenbaum.

Clara und ihre Eltern waren im letzten Jahr bei Tante Maria und Onkel Jorge einquartiert. Weihnachten aber wurde im Haus der Großeltern gefeiert, die nebenan wohnen. Großmutter ließ es sich nicht nehmen, für das Weihnachtsessen nach altem Brauch einen langen Tisch in der Küche zu decken. Großvater, Vater und Onkel Jorge hatten im Wald einen Baumstumpf mit Wurzeln ausgegraben. Während das Holz im offenen Küchenfeuer knisterte und knackte, saßen alle Verwandten um den Tisch herum. Sie aßen, erzählten und sangen Lieder.

Portugiesische Frauen kochen gern, besonders zu Festtagen. Clara hatte gestaunt über die guten Sachen, die nacheinander auf den Tisch kamen. Wie gut, daß sie den ganzen Tag gefastet hatte. Zuerst gab es Fisch mit Kartoffeln, Kohl und Zwiebeln, dann Truthahn, dann alle möglichen Süßigkeiten zum Nachtisch, mit Zimt und Honig überzogen, wie die Rabanadas, ein leckeres Weihnachtsbrot. Ein Stuhl am Tisch blieb leer. »Der Platz ist für einen unerwarteten Gast«, erklärte Großmutter. Selbst über Nacht blieb der Tisch mit Süßigkeiten gedeckt, damit die verstorbenen Verwandten, die in der Heiligen Nacht wiederkommen, essen konnten. Großmutter glaubt daran, sie wollte es so.

Und was war aus den Pinienzapfen geworden? Die meisten lagen den ganzen Abend nahe beim Feuer. Durch die Hitze öffneten sie sich, und Nüsse fielen heraus. Wenn man sie knackte, konnte man die kleinen Pinienkerne naschen. Doch nicht alle Nüsse wurden gleich gegessen. Clara, Rosalina, Isabel und Manuel brauchten sie ja auch noch zum Spielen.

Das Auto nähert sich langsam dem Dorf. »›Fiar ou fiarnao‹. Erinnerst du dich, wie du beim Spielen immer verloren hast und schrecklich wütend warst?« fragt Rosalina.

»Ja, aber diesmal werde ich gewinnen«, antwortet Clara und lacht. Auf Weihnachten bei den Großeltern und das Zusammensein mit Rosalina freut sie sich mächtig.

Zum Selbermachen: Spiele mit Nüssen

Kreisel (»rafa«)

Du schnitzt aus Holz einen Kreisel und malst auf die vier Seiten je einen Buchstaben:

R – rafa (alles)
D – deixa (nichts)
T – tira (1 nehmen)
F – foe (1 geben)

Jeder Mitspieler und jede Mitspielerin erhält zwei Nüsse. In der Mitte des Tisches liegen etwa zehn Nüsse. Ein Spieler dreht den Kreisel. Welchen Buchstaben zeigt er an? Der dafür stehende Befehl wird ausgeführt: Der Kreiseldreher bekommt alles oder nichts, bekommt eine Nuß oder gibt eine Nuß. Gewonnen hat, wer die meisten Nüsse hamstern konnte.

Nuß-Domino

Du sammelst 49 Walnußhälften. Außerdem brauchst du goldene und schwarze Farbe, einen Pinsel, dünnen Karton, Schere und Klebstoff.
Zuerst malst du alle Nußhälften golden an und läßt sie gut trocknen.
Mit schwarzer Farbe malst du die 6 Dominopunkte und eine Mittellinie auf das Gold. Sie müssen so verteilt sein, wie die Zeichnung zeigt.
Die Umrisse der Nüsse malst du auf dünnen Karton, schneidest sie aus und klebst die bemalten Nußhälften darauf.

Die Spielregeln für zwei bis vier Spieler:

Alle Domino-Nüsse liegen mit den Punkten nach oben auf dem Tisch und werden gemischt. Jeder Spieler und jede Spielerin zieht mit geschlossenen Augen eine Nuß. Derjenige mit den meisten Punkten auf der Nuß beginnt das Spiel. Die anderen Nüsse werden zurückgelegt.
Jeder Spieler und jede Spielerin bekommt vom Nußberg neun Nüsse.
Der erste Spieler legt eine Nuß auf den Tisch. Die nächste Spie-

lerin legt eine Nuß mit gleicher Punktzahl an. Die Nüsse werden immer in eine Richtung gelegt, außer diejenigen mit einer Doppelzahl. So schlägt die Domino-Reihe eine neue Richtung ein.
Wenn ein Spieler nicht anlegen kann, nimmt er eine Nuß vom Nußberg. Er kann fünfmal versuchen, die passende Nuß zu erwischen. Sind keine Nüsse mehr da? Das ist Pech.
Gewonnen hat, wer zuerst alle Nüsse anlegen konnte.

Zum Selbermachen: Rabanadas

Die süßen Brotscheiben, die Rabanadas, sind eine echte Spezialität und werden am Weihnachtsabend mit Pudding serviert.
Das Rezept von Maria da Conceisao kannst du selbst ausprobieren.

Die Zutaten:

- ¾ Tasse Wasser
- 1 Eßlöffel Zucker
- 1 Eßlöffel Honig
- 1 Löffelspitze Zimt
- geriebene Schale von einer Zitrone
- 1 kleines Gläschen Portwein
- 2 Eier
- Öl zum Braten
- Zucker- und Zimtmischung aus 1 Eßlöffel Zucker und 1 Teelöffel Zimt
- mehrere Brotscheiben

So wird's gemacht:

Zuerst erhitzt du das Wasser und fügst Zucker, Honig, Zimt, Zitronenschale und Portwein hinzu. Gut verrühren. Dann nimmst du das würzige Wasser vom Herd und gießt es in einen Suppenteller.
Hier hinein legst du kurz die Brotscheiben.
In einem zweiten Suppenteller schlägst du die Eier auf und verrührst sie mit der Gabel.
Dann erhitzt du das Öl in der Pfanne, nimmst eine Brotscheibe nach der anderen aus der Marinade und tunkst sie von beiden Seiten im Ei.
Die Brotscheiben brätst du in der Pfanne von jeder Seite goldbraun an.
Zum Schluß legst du sie auf eine Platte und bestreust sie mit Zucker und Zimt. Sie werden warm serviert.

ISRAEL

Das Lichterfest

Im vergangenen Jahr verbrachten Dror und Patric die Weihnachtszeit in der Schweiz. Sie sind Halbbrüder. Dror und sein Vater kommen aus Israel, Patric und seine Mutter aus Deutschland. Die Familie feierte das Weihnachtsfest nach christlichen Traditionen.
»Ich möchte die Lichter anzünden«, war Drors großer Wunsch, »und die bunten Kugeln an den Baum hängen.« Eine Tanne mit brennenden Kerzen, Kugeln und Äpfeln mitten im Zimmer, das kannte er nicht. Patric strahlte und zog ihn mit sich.
»Komm, wir holen die Kiste mit Weihnachtsschmuck aus dem Keller.« Sie schmückten den Baum gemeinsam. Das Kerzenanzünden war dann Drors Sache. Das war klar.
In diesem Jahr verbringen die beiden ihre Weihnachtsferien bei Drors Großmutter in Israel. Aventszeit und ein Weihnachtsfest gibt es in der jüdischen Familie nicht. Dafür beginnt Chanukka, das Lichterfest. Jeden Abend, wenn die Sonne hinter dem Karmelgebirge untergeht, wird eine Kerze mehr auf dem achtarmigen Chanukkaleuchter angezündet.
»Siehst du, bei uns brennen die Kerzen auf einem Leuchter«, erklärt Dror stolz. Jetzt kann er zeigen, was bei ihm Brauch ist. Dazu ist es auch nötig, Patric von dem Ölwunder am Tempelleuchter zu erzählen.
»Safta, erzähl! Du kannst doch noch gut Deutsch«, bittet Dror auf Hebräisch. Endlich kann er wieder in seiner Sprache reden. Seine Safta, so heißt Großmutter auf Hebräisch, war vor mehr als fünfzig Jahren nach Israel geflüchtet. Sie und viele andere Juden wurden in jener Zeit von den Nationalsozialisten verfolgt. Damals hieß das Land

Palästina und war überwiegend von Palästinensern besiedelt. Heute erinnert sich Safta an eine jüdische Geschichte, die vor über zweitausend Jahren in Palästina spielte.

»Ein langer Krieg ging zu Ende. Palästina wurde wieder einmal erobert und kam unter die Herrschaft von Syrien. Und es wurde schlimm. König Antiochius IV. von Syrien haßte die Juden wegen ihres Glaubens. Sie sollten wie Sklaven leben und ihren Glauben aufgeben. Immer neue Quälereien dachte sich Antiochius aus, um die Juden zu erniedrigen. Und irgendwann befahl er seinen Soldaten, in den Tempel von Jerusalem einzudringen. Die Männer stahlen alle kostbaren Dinge. Sie schlugen kaputt, was übrig blieb, und ließen Schweine im Allerheiligsten herumlaufen.
So wurde die heilige Stätte der Juden entehrt. Die Menschen litten und weinten, denn ihr Israel war zerstört. Doch Gott half ihnen. Ein anderes Volk, die Makkabäer, eroberte später Jerusalem zurück und reinigte den Tempel. Vor der Einweihung geschah das Lichtwunder. Sie zündeten die Menora an, den siebenarmigen Leuchter. Dafür fand man nur ein Krüglein mit heiligem Öl. Aber es brannte acht Tage, so lange, wie man brauchte, um den Tempel wieder herzurichten.

Seitdem gibt es einen Chanukkaleuchter. Er hat acht Arme, und wir feiern acht Tage lang Chanukka, das Lichterfest. Jeden Abend kommt eine Kerze mehr auf den Leuchter. Heute darfst du sie anzünden, Patric.«
Safta schweigt, und Patric strahlt wie Dror im letzten Jahr, als dieser die Weihnachtsbaumkerzen anzünden durfte.
»Paß auf, jetzt kommt noch eine Überraschung.« Dror weiß, daß es noch ein Geschenk gibt. Er ist furchtbar neugierig. Was hat sich Safta ausgedacht?
»Ja, Chanukka ist ein Fest, an dem wir uns freuen und die Kinder beschenken«, bestätigt Safta. Sie stützt sich auf die Sessellehne und steht auf. Aus dem Schrank holt sie zwei Päckchen.
Eigentlich ist das gar nicht so viel anders als bei uns, denkt Patric.

Die Welt der Juden

Die Angehörigen des jüdischen Volkes und der jüdischen Religion sind die Juden. Ihr Name leitet sich von Judäa ab, dem gelobten Land. Judäa ist heute ein Teil von Israel.
Die Geschichte der Juden ist uralt. Wir können sie im Alten Testament nachlesen. Dort steht auch geschrieben, daß es für die Juden nur einen Gott gibt: Jahwe. Er ist allmächtig, allwissend und ewig. Er ist der Schöpfer der Welt und oberster Richter. Unter all seinen Schöpfungen sind die Menschen die wichtigsten. Jahwe hat die Urväter Abraham und Jakob sowie deren Nachkommen zu einem besonderen Bund ausgewählt: die Gründung des Volkes Israel. Als die Juden später Sklaven in Ägypten waren, wurden sie durch Moses von ihren Leiden befreit. Moses führte das Volk ins gelobte Land zurück. In der Wüste Sinai gab ihm Jahwe seine zehn Gebote, die den Menschen zeigten, wie sie leben sollten, damit es Gott gefällt. Diese Gesetze bilden die Thora, das heilige Buch der Juden.
Das jüdische Volk erlebte eine wechselvolle Geschichte. Die Juden wurden vertrieben, verfolgt, gemordet und über alle Länder zerstreut. Erst 1948 gründeten sie in Palästina ihren eigenen Staat Israel. Aus aller Welt kommen die Juden nun wieder in ihre alte, neue Heimat zurück. Viele jüdische Familien erinnern an ihre Leiden, andere an ihre Rettung. Chanukka ist ein freudiges Fest.

Zum Selberbacken: Dattelkuchen

In Israel ist es heiß und trocken. Große Teile des Landes sind Wüsten, und dort gibt es nur sehr wenig Wasser. Aber selbst dort wachsen Dattelpalmen.

Wenn die süßen Früchte reif sind, fallen sie in schweren Büscheln von den Bäumen und werden aufgesammelt. Datteln gehören bei uns zu den Früchten der Weihnachtszeit. In Israel werden sie oft an Feiertagen gegessen und mit Nüssen und Orangen für leckere Festspeisen gebraucht. Der Dattelkuchen gehört natürlich dazu.

Zutaten:

- 100 g Walnüsse
- 250 g Datteln
- 2 Eigelb
- 4 Eßlöffel brauner Zucker
- 2 Eßlöffel Butter
- geriebene Schale von 2 Orangen
- 2 Eßlöffel Orangensaft
- 1 Eßlöffel Rosenwasser
- 1 ¼ Tassen Mehl
- 1 Teelöffel Backpulver
- ¼ Teelöffel Salz
- 2 Eiweiß

So wird's gemacht:

Du hackst die Nüsse fein, entkernst die Datteln und schneidest sie mit einem scharfen Messer in winzige Würfel.

Eigelb und Zucker verrührst du in einer großen Schüssel.

Danach gibst du die weiche Butter, Orangenschale und -saft und Rosenwasser unter die Eimasse.

Mehl, Backpulver, Salz werden gemischt und ebenfalls dazu gegeben. Daraus rührst du einen glatten Teig.

Das Eiweiß schlägst du zu Eischnee und hebst es vorsichtig unter den Teig.

Zum Schluß nimmst du eine eckige Backform, fettest sie mit etwas Butter ein, füllst den Teig hinein und verstreichst ihn gleichmäßig.

Den Backofen 10 Minuten auf 150 Grad vorheizen.

Dann schiebst du den Dattelkuchen in den Ofen und bäckst ihn bei 180 Grad etwa 45 Minuten lang. Prüfe mit einem Zahnstocher, ob er durchgebacken ist.

Der Kuchen muß etwa eine Stunde auskühlen. Er ist recht trocken und wird in kleinen Portionen gegessen. Schneide ihn in rechteckige Stückchen oder in Streifen.

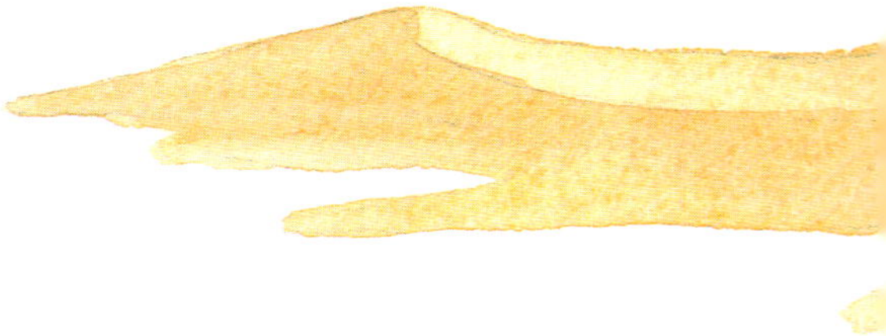

Wir bringen Frieden – Hewenu schalom alejchem

Die erste Weihnachtsgeschichte

Die Stadt, in der Jesus geboren wurde, heißt Bethlehem. Sie liegt im Westjordanland, über das Israel regiert. Hier leben Palästinenser, die meisten von ihnen sind christlichen Glaubens. Wie sie litten die Menschen früher unter einer fremden Besatzungsmacht.

Vor zweitausend Jahren erließ der römische Herrscher, Kaiser Augustus, ein Gebot, daß das ganze Volk seines Reiches gezählt würde. Es war die allererste Volkszählung. Palästina gehörte zu Syrien unter dem Landverwalter Cyrenius. Jedermann ging also in seine Heimatstadt, um sich zählen zu lassen. Auch Josef aus der Stadt Nazareth in Galiläa. Er reiste zusammen mit seiner Frau Maria nach Bethlehem, in die Stadt Davids, denn er stammte aus dem Hause Davids. Maria war schwanger, und als sie Bethlehem erreichten, fühlte sie, daß ihr Kind bald auf die Welt kommen würde. Josef hatte Mühe, eine Unterkunft zu bekommen, denn alle Herbergen waren überfüllt. Er fand nur einen kleinen Raum, in dem Menschen und Tiere unter einem Dach lebten. Hier gebar Maria ihr Kind. Sie wickelte es in Windeln und legte es in eine Futterkrippe. Es war ein Junge, und die Eltern nannten ihn Jesus.
Draußen auf den Feldern hüteten Hirten ihre Schafe und Ziegen. In dieser Nacht erlebten sie etwas Wunderbares. Ein Engel erschien ihnen. Er leuchtete und verbreitete Licht um sie. Die Hirten erschraken sehr und fürchteten sich. Der Engel aber beruhigte sie: »Fürchtet euch nicht. Ich verkündige euch große Freude. In Bethlehem ist heute der Heiland geboren, Christus der Herr. Ihr werdet ihn finden. Das Kind liegt in Tüchern gewickelt in einer Futterkrippe.« Und dann war der Engel von einer himmlischen Schar umgeben, sie lobten Gott: »Ehre sei Gott in der Höhe und Friede auf Erden und den Menschen ein Wohlgefallen.« So überraschend, wie sie gekommen waren, verschwanden die Engel wieder, und sie ließen staunende Hirten zurück:

»Was sollen wir machen?« berieten sie. »Laßt uns nach Bethlehem gehen. Wir wollen das Kind suchen und sehen, was da geschehen ist.«
Sie hatten es eilig auf ihrem Weg, und als sie Maria und Josef mit dem Kind fanden, lag es wirklich in Windeln gewickelt in einer Krippe.
Bald danach erzählten die Hirten weiter, was sie gesehen und was ihnen der Engel über Jesus gesagt hatte. Die Menschen, die das hörten, wunderten sich darüber. Maria vergaß keines ihrer Worte und dachte lange darüber nach.

Erzählt nach dem
Lukas-Evangelium

Zu Bethlehem geboren

Worte: Friedrich von Spee
Weise: Geistlicher Psalter, Köln 1638

2. In seine Lieb versenken
   will ich mich ganz hinab,
   mein Herz will ich ihm schenken
   und alles, was ich hab.

3. O Kindelein, von Herzen
   will ich Dich lieben sehr
   in Freuden und in Schmerzen,
   je länger mehr und mehr.

4. Dazu Dein Gnad mir gebe,
   bitt ich aus Herzens Grund,
   daß ich allein Dir lebe
   jetzt und zu aller Stund.

5. Dich, wahren Gott, ich finde
   in meinem Fleisch und Blut,
   darum ich fest mich binde
   an Dich, mein höchstes Gut.

6. Laß mich von Dir nicht scheiden,
   knüpf zu, knüpf zu das Band
   der Liebe zwischen beiden.
   Nimm hin mein Herz zum Pfand.

Jenseits vom See Genezareth

Die Kunde von der Geburt des Kindes, das die ganze Welt beglücken sollte, verbreitete sich zuallererst unter den Hirten. Auch der Hirtenjunge Farid hörte davon. Er lebte in einem Teil der Wüste, die heute zu Jordanien gehört.

Ganz, ganz weit im Osten, noch hinter dem See Genezareth, betrachtete der kleine Schäferjunge Farid traurig den Sonnenuntergang. Alle seine Schafe, die er so zärtlich liebte, hatten sich ganz dicht um ihn gedrängt. Die Nacht wurde langsam kalt; Farid hatte keinen warmen, schützenden Stall, in den er sie bringen konnte.

Farids Kopf war voll von traurigen Gedanken. Er erinnerte sich an den Tag, an dem eine schreckliche Seuche über sein Dorf gekommen war. Seine Eltern, seine Brüder und Schwestern und die meisten Einwohner des Dorfes waren damals gestorben. Farid war ganz allein und hatte den Ort verlassen. Viele Tage lang wanderte er über die Berge und die Weiden, als er endlich einen freundlichen Schafhirten traf, der sich seiner annahm. Farid half ihm fortan die Schafe zu hüten.

Eines Tages starb der alte Hirte in seinem Haus bei einem Brand, in dem auch einige seiner Schafe umkamen. Einige Monate lang schlief Farid draußen in der Kälte unter dem Sternenzelt. Er hatte nur die Schafe bei sich, die er hatte retten können.

Als an diesem Abend die Sonne unterging, beobachtete Farid den Himmel, so wie er es immer zu der Stunde tat, wenn die Dämmerung kam. Farid suchte seinen Stern. Er sah ihn jede Nacht und freute sich, daß der Stern jede Nacht heller und größer schien als in der vorangegangenen.

Da berührte ein Lichtstrahl des Sterns Farids Wange. Erstaunt erhob er sich. Der Lichtstrahl schien ihn einzuladen, ihm zu folgen. Er ging mühsam über das abfallende Gelände auf den Strahl zu. Der Licht-

strahl lief ihm voraus. Dann hielt der Strahl am Rande eines kleinen Wäldchens an. Hell leuchtete das Licht auf und schien auf eine gute Scheune, zu der eine hübsche kleine Hütte gehörte. Das Licht gab Farid ein Zeichen einzutreten.
Es war wie im Traum, als Farid plötzlich eine Stimme hörte, die zu ihm sagte: »Dies ist deine Hütte, und du kannst hier mit deinen Schafen leben.« Farid konnte dies alles nicht glauben. Er ging in die Hütte hinein und fand dort einen großen Raum mit einer Feuerstelle und einem wundervollen Strohbett.
Farid hörte vor seinem Fenster einige Leute mit gedämpfter Stimme reden. Er schaute hinaus und sah, daß der Lichtstrahl seines Sterns sich ein Stückchen weiterbewegt hatte. Einige Hirten folgten dem Licht. Farid hörte den Hirten zu und erfuhr so, daß im Nachbardorf ein Kind zur Welt gekommen war, das die ganze Erde beglücken sollte. Voll Liebe und Verehrung schloß sich Farid den anderen an und folgte dem Stern nach Bethlehem.

Wegweiser am Himmel

Drei Männer machten eine lange Reise, um das neugeborene Kind zu begrüßen. Matthäus erzählt in der Bibel, wie sie einem Stern folgten: Dieser Stern, den sie im Morgenland gesehen hatten, führte sie bis zu dem Ort, wo das Kind war. Sie gingen in das Haus, fanden das Kind mit seiner Mutter, knieten nieder und beteten es an. Sie brachten ihm auch Geschenke mit: Gold, Weihrauch und Myrrhe.

Die Geschichte von den drei Königen ist nicht nur ein schönes Märchen. Sterne waren für die Menschen damals das, was für uns Kompaß und Karte sind. Sie gebrauchten den Nachthimmel als Karte und die Sterne als ihre Wegweiser. Auch die drei Männer Kaspar, Melchior und Balthasar folgten während ihrer Reise durch die Wüste den Sternen. Sie kamen aus Babylonien, dem damals bedeutsamen Zweistromland zwischen Euphrat und Tigris, das heute zum Irak gehört. Die Städte in Babylonien waren Handelszentren und berühmte Begegnungsstätten für Religion und neue Wissenschaften.

Ein besonderes Interesse der Gelehrten und der Priester galt den Sternen. Sterne waren Orientierungspunkte. Sie wurden aber auch als Zeichen der Götter und sogar als deren Wohnorte betrachtet. Die astronomischen Gelehrten wußten eine Menge über die Vorgänge am Himmel. Sie kannten den Lauf von Sonne und Mond, und sie konnten Sonnen- und Mondfinsternis voraussagen. Manche waren Sterndeuter, wie Kaspar, Melchior und Balthasar. Was sie wohl gesehen haben? Ganz sicher eine helle, riesengroße Himmelserscheinung, und die machte sie neugierig.

Lange glaubte man, der Stern von Bethlehem sei ein Komet gewesen, ein Stern mit einem prächtigen Schweif. Der berühmte Halleysche Komet, der alle sechsundsiebzig Jahre wiederkehrt, ist so ein Komet, der tatsächlich um die Zeit von Jesus' Geburt erschienen war.

Die Gelehrten waren sich über seine Bedeutung nicht einig. Die einen glaubten, Kometen seien Unglücksboten für Unwetter, Hungersnöte und Krieg. Kaspar, Melchior und Balthasar aber hielten die Himmelserscheinung für ein gutes Zeichen. Sie glaubten an die Geburt eines lange ersehnten Königs.

Denn etwa zur gleichen Zeit fand am Himmel ein seltenes Zusammentreffen zweier Planeten statt. Langsam näherte sich der Planet Jupiter dem Planeten Saturn. Jupiter galt als Königsstern der Babylonier, Saturn verkörperte das Schicksal der Juden. Ihr Zusammenkommen konnte für die Astrologen nur bedeuten, daß den Menschen im Osten und im Westen ein gemeinsamer König geboren würde. Und weil sie sich im Sternzeichen der Fische begegneten, dem Symbol für die Länder am Mittelmeer, glaubten sie, daß dieses Ereignis in Israel sein müsse.

MAROKKO

Wie für euch Weihnachten

An Weihnachten bekommt Suad Heimweh. Sie sehnt sich nach ihrem Zuhause am Rande der Stadt Casablanca. Suad ist Marokkanerin, und sie gehört der Religionsgemeinschaft des Islam an. Sie hat in Marokko eine gute Schule besucht und Französisch gelernt. Nun haben ihre Eltern sie in die Schweiz geschickt, damit sie in Genf studiert, denn dort spricht man Französisch. Suad will Ärztin werden.

»Wenn ich fertig bin«, sagt sie, »gehe ich wieder zurück nach Marokko. Ich will dort leben.«

Dieses Jahr verbringt Suad Weihnachten bei Ursula und ihrer Familie. Ursula ist mit Hassan verheiratet – auch er ist Marokkaner –, und sie hat zwei süße Kinder, die Marek und Mara heißen. Sie feiern Weihnachten mit einem Tannenbaum voller Kerzen, Strohsterne und Papierschlangen und mit Geschenken für die Kinder. Als Marek und Mara endlich ihre Päckchen auspacken dürfen, herrscht großer Trubel. Die Kinder freuen sich, doch Suad wird ganz still. Sie erinnert sich an ihr Zuhause.

»Du denkst an ›Achüra‹, unser Kinderfest, nicht wahr?« fragt Hassan.

»Ja«, antwortet Suad. »Es ist wie für euch Weihnachten. Als ich noch klein war, habe ich in der Nacht vor ›Achüra‹ kaum schlafen können, so aufgeregt war ich. Am Morgen bin ich viel zu früh aufgestanden. Meine Mutter hat mir und meinen Geschwistern die Haare gekämmt. Ich war ungeduldig, wenn sie meine Locken so lange bürstete und glänzende Bänder hineinflocht. Dann bekam ich endlich mein neues Kleid angezogen. Es war schön! Ich habe mich gedreht und gewendet und konnte mich nicht sattsehen im Spiegel, so schön fand ich es.

Auch meine Brüder und Schwestern bekamen neue Kleider. Später gingen wir mit unserer Mutter Hand in Hand durch die Straßen. So konnten uns die Nachbarn sehen. Sie kamen aus ihren Häusern und bewunderten uns, und wir bekamen Süßigkeiten und auch Geld geschenkt.
Meine Mutter hatte an ›Achüra‹ immer viel zu kochen und zu backen. Denn gegen Abend kamen die Verwandten, und es gab ein großes Festessen. Sie kochte ein köstliches Couscous. Das ist Gries aus Weizen, den man ganz speziell zubereitet. Dazu gab es sieben Sorten Gemüse und ein Huhn, das sie in Zitronen und Oliven kochte. Es gab noch gepfefferten Fisch und als Nachspeise kleine Kuchen aus Honig und Nüssen. Während der ganzen Mahlzeit tranken die Erwachsenen Pfefferminztee.
Wenn es richtig Nacht wurde, liefen wir nach draußen. Auf dem großen Platz in unserem Quartier hatten die Jungen und Männer Holz zusammengetragen, und es gab ein riesiges Feuer. Unsere Familie, die Verwandten und alle unsere Nachbarn kamen zusammen. Manche brachten Instrumente mit. Es wurde musiziert und gesungen und getanzt. Es war immer ein fröhliches Fest, besonders für die Kinder. Ich werde es mein Leben lang nicht vergessen, und wenn ich einmal Kinder habe, sollen sie dieses Fest so schön finden wie ich, als ich noch ein kleines Mädchen war.«
»Und der Tannenbaum? Habt ihr den nicht angezündet?« fragt Mara nach einer Weile.
»Nein.« Suad lacht. »Einen Tannenbaum gibt es gar nicht bei uns. Es ist ja kein christliches Fest. Es ist ein islamisches Fest, mitten im Sommer, wenn es bei uns heiß ist. Eigentlich ganz anders als euer Fest, und doch ist es genauso aufregend und genauso schön wie für euch Weihnachten.«

Die Welt des Islam

Der Islam ist die Religion der Muslime. Es ist ein arabisches Wort und bedeutet Frieden, Demut und Hingabe an Gott. Die Menschen, die an den Islam glauben, werden Muslime, Moslems oder Mohammedaner genannt. Ihr Gott heißt Allah. Sie glauben, daß Gott der Größte ist und daß sie ein gutes Leben führen, wenn sie ihm in Demut gehorchen.

Der Islam hat seinen Ursprung in Arabien, in dem heißen Wüstenland zwischen Afrika und Asien. Ungefähr sechshundert Jahre n.Chr. empfing der Prophet Mohammed von Allah eine Botschaft. Diese Botschaft ist im Koran, dem heiligen Buch der Mohammedaner, aufgeschrieben. Im Koran steht, daß Gott alles erschaffen hat und daß seine großartigste Schöpfung die Menschen sind. Dafür sollen die Gläubigen dankbar sein und Sorge tragen für alle Lebewesen auf der Erde. Im Koran stehen auch alle Lehren Mohammeds, die das alltägliche Leben der Muslime bestimmen.

Das Zuckerfest

Viele Feste der Muslime sind Freudenfeste, wie auch das Fest am Ende der Fastenzeit Ramadan. Einen Monat lang dürfen alle Erwachsenen tagsüber nichts essen. Von Sonnenaufgang bis Sonnenuntergang nehmen sie weder Speisen noch Getränke zu sich. Dafür treffen sich am Abend Familien, Nachbarn und Freunde zu einem meist recht ausgiebigen Mahl.

Wenn Ramadan zu Ende ist, wird das Fest Id al Fitr, das Fest des Fastenbrechens oder auf türkisch »Scheker Bairam«, das Zuckerfest, gefeiert. In Marokko heißt es »Achüra«. Die Menschen kaufen sich neue Kleider. Die Kinder werden besonders verwöhnt, sie werden beschenkt und herausgeputzt. Kinder fasten nicht so lange wie Erwachsene, aber sie werden darauf vorbereitet. Mit sieben Jahren beginnen die Kinder, erst einen Tag, dann zwei Tage und später zehn Tage zu fasten. Mit fünfzehn Jahren sind sie erwachsen. Dann gilt der Ramadan auch für sie.

Bei dem großen dreitägigen Zuckerfest besuchen sich Freunde und

Verwandte und machen sich Geschenke. Alle versuchen, Allah zu gefallen und zu den Mitmenschen gut zu sein. Und alle gehen in die Moschee zu gemeinsamen Gebeten. Das Schönste ist natürlich, zusammen zu essen und zu trinken. Die Frauen kochen besondere Speisen und backen Unmengen Kuchen und Süßigkeiten aus Mandeln, Datteln, Feigen und viel Honig. Die sind wirklich zuckersüß.

Zum Selberbacken: Mandelmakronen

In Marokko wachsen viele Mandelbäume. Ihre Früchte, die Mandeln, werden in arabischen Süßigkeiten verwendet. Auch für Makronen, wie wir sie in der Weihnachtszeit backen.

Zutaten:

- 250 g gemahlene Mandeln
- 250 g Puderzucker
- abgeriebene Schale einer Zitrone
- 4 Eiweiß
- zum Garnieren: geschälte Mandeln

So wird's gemacht:

Du gibst Mandeln, Puderzucker und Zitronenschale in einen kleinen Topf. Bei niedrigster Hitze erwärmst du die Zutaten während 10-15 Minuten. Du brauchst Geduld, denn du mußt die Mischung dabei ständig rühren.

Danach nimmst du sie von der Kochstelle und läßt sie kalt werden.
Nun schlägst du das Eiweiß steif und rührst es nach und nach unter die Mischung.
Leg ein Stück Backpapier auf ein Backblech.
Du gibst die Mischung in einen Spritzbeutel und spritzt auf das Backblech kleine Makronen. Sie brauchen einen Abstand von etwa 5 cm.
Jede Makrone verzierst du mit einer Mandel.
Heize den Ofen auf 180 Grad vor.
Die Makronen backen etwa 20 Minuten durch.
Sie dürfen nicht zu braun werden, sondern müssen fast weiß bleiben.
Dann sind sie genau richtig: außen knusprig, und innen noch etwas weich.

NIGERIA

Das Trommelfest

Zu Weihnachten erhielt Clement eine wichtige und ehrenvolle Aufgabe: Eine Umu Ogbo, eine Gruppe gleichaltriger Männer aus seinem Dorf Akpahia, hatte dem Dorf eine große Trommel zum Geschenk gemacht. Aus diesem Anlaß wollte die Dorfgemeinschaft das Weihnachtsfest diesmal besonders großartig feiern; und man brauchte jemanden, der aufschrieb, welche Geschenke die Besucher brachten. Für diese Aufgabe war Clement ausersehen worden. Er ging in Aba, der nächsten größeren Stadt, zur Schule und galt als ausgezeichneter Schüler.

Clement liebte es, an den Festtagen nach Hause zu kommen; zu ausgedehnten Familienfeiern oder zum Neu-Yam-Fest im Sommer, wenn die alten Männer feierlich den Göttern opferten, ehe die ersten Yam-Wurzeln gekostet werden durften.

Diesmal sollte es das größte Fest werden, das Akpahia je veranstaltet hatte. Schon als Clement am frühen Morgen im Dorf ankam, war der Versammlungsplatz erfüllt vom fröhlichen Treiben der Vorbereitungen. Die beiden uralten Iroko-Bäume, die den Platz überschatteten, waren über und über mit bunten Tüchern behängt. In der Mitte des Platzes wurde mit Bambusstäben und Palmblättern ein Dach für die Musik aufgerichtet. Gelächter und Rufe, das aufgeschreckte Gegakker der Hühner, denen es an diesem Festtag an den Kragen ging, der würzige Duft nach brodelndem Fufu mengten sich zu einer erregenden Stimmung: Vorfreude. Kleine Kinder sausten über den Platz und ließen Windräder an ihren ausgestreckten Händen kreisen. »Ah – Clement!« riefen sie, als sie ihn sahen. Die Frauen, die in Gruppen beisammensaßen und die Kochtöpfe überwachten, nickten ihm aner-

kennend zu: »Da kommt ja Clement! Clement wird alles aufschreiben, wenn das Fest beginnt!«
Seine Aufgabe hatte sich schon im Dorf herumgesprochen. Clement zeigte seinen Freunden den Tisch, an dem er sitzen würde. »Alle Besucher müssen an mir vorbei, ehe sie den Platz betreten!«
»Ehe sie zu den Tischen mit dem Essen kommen!« Die Freunde lachten.
»Und wenn sie das Essen riechen, geben sie gleich doppelt so viel!«
Es wurde erwartet, daß die Gäste aus den umliegenden Dörfern Geldgeschenke brachten, aber auch Palmwein, Yam oder Hühner.

Natürlich wurden auch Besucher bewirtet, die nichts schenkten, aber es kam kaum jemand mit leeren Händen.
»Wo ist Monday?« fragte Clement. Von allen Freunden im Dorf war Monday ihm der wichtigste. Er bewunderte ihn.
»Monday muß arbeiten. Du weißt ja, seine Tante beschäftigt ihn immer!«
Ja, das wußte Clement. Aber er war empört, daß Monday sogar am Tag des Festes schuftete. Er beschloß, zu ihm zu gehen.
Das Haus, in dem Monday und seine Tante wohnten, lag ein wenig abseits auf einem Hügel. Während Clement hinaufschlenderte, dachte er über seinen Freund nach. Monday war im gleichen Alter wie er. Er war als Waisenkind ins Dorf gekommen, und seine Tante, die Schwester seiner Mutter, hatte ihn bei sich aufgenommen, damit er auf ihre kleinen Kinder aufpaßte.
Das war so üblich in Akpahia und in ganz Umuahia-Land: Kleine Kinder aus armen Familien wurden bei den wohlhabenderen Verwandten als Hausboys beschäftigt. Dafür versprach man ihren Eltern, die Kinder in die Schule zu schicken und das Schulgeld für sie zu bezahlen. Aber oft wurde nichts aus diesem Schulbesuch. In erster Linie mußten die Hausboys schwer arbeiten; viele schon mit fünf oder sechs Jahren.

Monday war sechs gewesen, als seine Tante ihn zu sich genommen hatte. Er hatte die kleinen Kinder zu hüten, er trug Essen zu den Feldarbeitern, er mußte Wäsche waschen und beim Kochen helfen.
Clement traf Monday vor der Hütte sitzend bei seiner üblichen Arbeit an: Zwischen zwei Steinen zerschlug er Palmkerne. Das Innere der Palmkerne, die Palmnüsse, verkaufte Mondays Tante auf dem Wochenmarkt. Wenn sie Monday alleine ließ, pflegte sie ihm zwei Körbe mit Palmkernen zurückzulassen; die mußte er bis zu ihrer Rückkehr bearbeitet haben.
So war es schon immer gewesen. Aber Monday war in seiner mühseligen täglichen Arbeit von jeher so geschickt, daß es ihm doch immer noch gelungen war, mit den anderen zu spielen – wenn auch nur für kurze Zeit am Abend.
Die Kinder von Akpahia blieben bis tief in die Nacht hinein auf dem Dorfplatz. Am beliebtesten waren verschiedene Arten von Versteckspielen. »Mondspiele« wurden sie genannt, weil sie sich am besten bei Mondlicht spielen ließen.
Mit acht Jahren hatte Monday es durchsetzen können, daß er endlich zur Schule gehen durfte. Und er war so eifrig bestrebt zu lernen, daß er alle Prüfungen mit Auszeichnung bestand. Dabei hatte er zu Hause weder Zeit zu lernen, noch durfte er Aufgaben machen. Er mußte sich alles während des Unterrichts merken.

»Ich werde in Kaduna auf die Berufsschule gehen«, erzählte Monday Clement, nachdem sie einander begrüßt hatten. »Das habe ich in den vergangenen Monaten beschlossen! Ich werde das Dorf verlassen, sobald ich kann. Es ist ein anderes Leben in der Stadt!«
Clement nickte. Es war ein anderes Leben in der Stadt. Zumindest, soweit es ihn betraf. Neben seinem Schulbesuch hatte er kaum irgendwelche Pflichten. Er war frei, zu spielen oder Sport zu betreiben.
»Und selbst die Kinder, die im Haushalt arbeiten müssen, haben es in der Stadt nicht so schwer!« erklärte er Monday. »Das Mehl ist bereits gemahlen, wenn man es kauft, man muß nicht erst das Getreide zerstampfen!«
Clement wünschte es Monday sehr, daß er endlich von seiner Tante fortkam. Er sah eine endlose Reihe von Körben vor sich, die Monday in all den Jahren mit Palmnüssen gefüllt hatte. Er dachte, wieviel Zeit er selbst gehabt hatte, zu üben und zu lernen. Nun konnte er besser rechnen als irgendein Erwachsener des Dorfes! Man hatte ihn sogar gebeten, die Liste der Geschenke für das Fest zu schreiben, weil man niemand Besseren finden konnte!
Es kam Clement auf einmal vor, als habe er großes Glück gehabt. Fast wäre es ihm genauso ergangen wie Monday – wäre da nicht der Vater gewesen, der sich um ihn gekümmert und ihn vom Onkel fortgeholt hatte.
»Aber später kommst du schon hinunter«, sagte Clement, als er sich von Monday verabschiedete.
»Ich komme bald!« sagte Monday und lachte; auch ihn hatte die Vorfreude auf das Fest jetzt erfaßt. »Hast du die Trommel denn schon gesehen, Clement? Sie ist riesig! Über drei Meter lang! Und die Umu Ogbo hat zusätzlich ein kleines Haus aus Ziegeln bauen lassen, in dem die Trommel untergebracht sein wird! Und drei Kühe sind für das Fest geschlachtet worden!«
Clement lief eilig ins Dorf hinunter. Die ersten Gäste waren schon da. Er setzte sich an seinen Platz am Tisch. Heft und Feder waren für ihn bereitgelegt worden. Clement begann mit den Eintragungen. Auf dem Versammlungsplatz drängten sich bereits die Leute. Alle trugen ihre Sonntagskleider: prächtig gefärbte Rapas, die sie um den Leib gewickelt hatten. Die Frauen hatten noch zusätzlich Tücher um

den Kopf geschlungen, die Männer hatten weiße Mützen aufgesetzt. Und jeder zeigte seinen schönsten Schmuck.
Die Männer lieferten die Geschenke für sich und ihre Familie ab, dann schlenderten sie zur Musikgruppe in der Mitte des Platzes.
Die Musiker sangen Lieder mit Texten, die eigens für diesen Tag geschrieben worden waren; und die Besucher hatten außerdem noch viele eigene Musikwünsche. Sie sangen und tanzten, bis sie unter ihren Rapas zu schwitzen begannen, dann wandten sie sich dem Palmwein und dem gekochten Yam und Fufu zu.
Die neue Trommel, der Mittelpunkt des Festes, wurde gebührend bewundert. Sie war aus einem meterlangen Baumstamm geschnitzt. In Zukunft würde das Dorf eine überaus mächtige und weittragende Stimme haben. Alle Gäste lobten die gute Idee der Umu Ogbo; und sie erzählten einander von den Geschenken, die andere Umu Ogbos ihrer Dorfgemeinschaft gemacht hatten.
Clement saß neben den Dorfältesten und trug gewissenhaft in sein Buch ein, wieviel Geld gebracht wurde, ebenso den Namen des Spenders und den Namen des Dorfes, aus dem er kam. Am Ende des Festtages würde er die Zahlen zusammenzählen und mit dem Betrag vergleichen, den das Dorf selbst ausgegeben hatte, um das Fest würdig zu gestalten.

Renate Welsh

Zum Selbermachen: Bongos

Ein Bongo ist eine Trommel. In fast allen Ländern der Erde benutzen Menschen diese Art von Rhythmusgerät: zu ernsten und fröhlichen Festen, zu feierlichen Anlässen, als Liedbegleitung und zum Tanzen. Sie sind aus den verschiedensten Materialien gebaut: Die neue Trommel im Dorf Akpahia war aus Holz geschnitzt und die Trommelfläche mit einem Fell bespannt.

Was du brauchst:

Runde Waschmittelbehälter oder große Blechdosen
Plastikfolie und Pergamentpapier
Doppelseitiges breites Klebeband und Schnur sowie bunte Kordeln
Farbe zum Anmalen, buntes Papier zum Bekleben

So wird's gemacht:

Vom Waschmittelbehälter reißt du vorsichtig den Henkel ab. Den Dekkel der Trommel oder der Dose brauchst du nicht.
Die Plastikfolie schneidest du rund zu, etwa 10 cm größer als der Durchmesser von Trommel oder Dose.
Den Klebestreifen klebst du 3 cm unterhalb des Randes um die Trommel. Dann spannst du die Folie so stramm wie möglich über den Trommelrand und drückst sie rundherum an die obere Klebeschicht des Streifens.
Noch besser hält die Trommelhaut, wenn du über den Klebestreifen sehr stramm eine Kordel wickelst. Das sieht schön aus. Lange Kordelenden kannst du zusammenknoten und die Trommel umhängen.
Male deine Trommel an oder verziere sie.

Bongo-Rhythmen zum Trommeln

Getrommelt wird mit den Fingern. Der Ton klingt heller und höher, je fester ein Trommelfell gespannt ist (gelbe Punkte). Er klingt tiefer und dunkler, je lockerer es gespannt ist (braune Punkte).

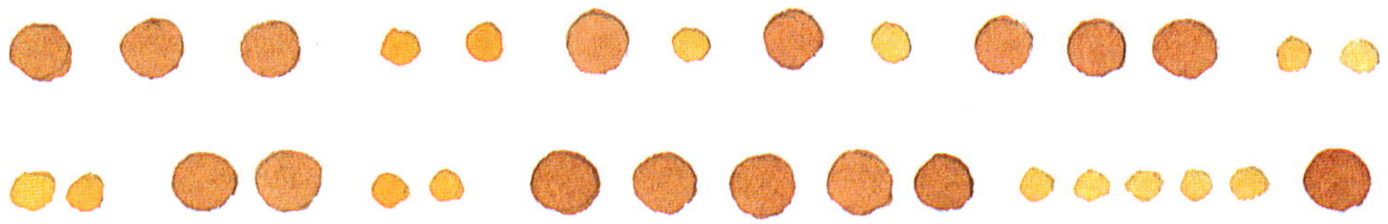

SRI LANKA

Amali und Amal

Ceylon ist eine Insel im Indischen Ozean. Sie liegt nahe bei Indien und ist etwa so groß wie die Schweiz. In den vergangenen Jahrhunderten wurde die Insel von Fremden beherrscht und hat oft ihren Namen gewechselt. Die Eingeborenen hatten immer nur einen Namen für sie: Sri Lanka – die strahlende Insel – und so heißt sie heute wieder.
Fast das ganze Jahr scheint die Sonne auf tropische Wälder, Reisfelder, Kokosnuß- und Teeplantagen, gebirgiges Hochland, Flüsse und Seen, auf kleine Buchten und weite Strände. In den Urwäldern leben noch wilde Elefanten, aber es gibt auch gezähmte, die den Menschen bei der Arbeit helfen. Besonders auserwählte Elefanten werden an hohen Feiertagen festlich geschmückt durch die Straßen geführt.
Obwohl viele tropische Früchte wie Bananen, Ananas, Orangen und Zitronen auf der Insel wachsen, gibt es Menschen, die Hunger leiden. Für die meisten Kinder von Sri Lanka ist es etwas ganz Besonderes, wenn sie neue Kleidung oder Spielzeug gekauft bekommen. Zu diesen Kindern gehört Amal. Er wohnt in einem Dorf am Fluß. Es ist ein Tag vor Heiligabend. Für Amal und seine Familie ist Weihnachten das größte Fest im Jahr, denn sie gehören zu den Christen, die auf der Insel leben. Heute schon soll mit einem Fackelzug die Feier beginnen.
Amal freut sich darauf. Er ist mit Vaters Boot unterwegs. Allein hat er Lebensmittel an den Marktständen am großen Fluß gekauft, denn heute müssen seine Eltern für die kommenden Feiertage bis spät abends vorarbeiten. Vor Einbruch der Dunkelheit muß er zu Hause sein. Er rudert schneller. Kurz bevor der große Fluß das Meer

erreicht, biegt Amal in den kleinen Fluß ab und rudert ein Stückchen flußaufwärts. Dicht wuchert der Urwald bis an die Ufer. Amal schaut auf den großen Baum, der die anderen Bäume überragt. Wie schwarze Trauben hängen daran noch schlafend die »fliegenden Hunde«. Bald würden die Nachttiere erwachen.
An einem dicken Ast, der schräg im Wasser liegt, befestigt Amal das Boot. Amali, seine Schwester, erwartet ihn. »Komm schnell, die anderen sind schon weg«, sagt sie. Zusammen tragen sie die eingekauften Sachen in die Hütte und verstauen sie gut.

Dann nehmen sie ihre Laternen, laufen den kleinen Weg bis zur großen Straße und weiter bis zur Kirche.
Gerade stellen sich die Kinder zum Fackelzug auf. Alle haben sie selbstgebastelte Laternen in der Form eines kleinen Eimers. Amal hört seinen Freund Mangale rufen und läuft zu ihm. Vorsichtig zündet Amal seine Kerze an und stellt sie behutsam in die Laterne. Langsam setzt der Zug sich in Bewegung. Kinder und Erwachsene singen, und die Laternen leuchten in der Dunkelheit. Plötzlich stolpert Amal, seine Laterne beginnt zu brennen. Damit sich das Feuer nicht weiter ausbreitet, tritt er mit seinem bloßen Fuß darauf. Vor Schmerz schreit Amal laut auf. Da ist der Herr Pfarrer zur Stelle und löscht die brennende Fackel. Im Gemeindehaus wird Amals Fuß

verbunden. Dabei tröstet ihn der Herr Pfarrer. Er zeigt auf die Lampions, die als Schmuck vor dem Gemeindehaus hängen, und sagt: »Such dir einen aus. Morgen nach der Feier darfst du ihn dir holen.«
Amal wagt es kaum zu glauben. Nie hätte er Geld für so eine Laterne gehabt, wie man sie nur in den Geschäften der Hauptstadt Colombo kaufen kann. Er schaut auf die roten, grünen und blauen Ballons, auf die buntgeringelten und auf den großen, gelben Mond.
»Welcher davon gefällt dir am besten?« fragt Mangale seinen Freund.
Amal zeigt auf den Mond und sagt: »Er ist der schönste, aber darf ich mir den schönsten wünschen?«
Am nächsten Tag, am Heiligen Abend, gehen Amal, seine Eltern und Geschwister in die Kirche. Neben dem Altar steht ein großer, festlich geschmückter Baum. Es ist eine Zypresse, die im Gebirge der Insel gewachsen ist. Beim Singen der Weihnachtslieder wendet Amal keinen Blick von dem schönen Baum.
Nach der kirchlichen Feier freuen sich alle auf das Festessen vor der Kirche. Auf lange Tische haben Frauen Tischdecken gelegt, die kunstvoll aus Palmenblättern geflochten sind. Darauf stehen viele Tontöpfe. Amal und Mangale, die mit den anderen in einer Reihe um den Tisch gehen und sich die Teller füllen, läuft beim Sehen und Riechen das Wasser im Mund zusammen. Es gibt kleingeschnittenes, gut gewürztes Fleisch, Fisch, verschiedene Gemüsesorten und Reis.
Zum Festmahl vor der Kirche sind nicht nur Christen eingeladen, es kann jeder kommen, gleich welcher Religion er angehört. Auch die Kranken werden nicht vergessen, ihnen wird das Weihnachtsmahl gebracht.
Alle Leute sind in fröhlicher Stimmung. Sie plaudern miteinander, singen und tanzen zum Flöten- und Gitarrenspiel. Bevor das Freudenfeuer entzündet wird, mit dem das Fest endet, versucht Amal, in die Nähe des Pfarrers zu kommen. Und wirklich, er stellt ihm die Frage, auf die Amal den ganzen Abend gehofft hat: »Hast du dir eine Laterne ausgesucht?«
»Ja«, nickt Amal, mehr traut er sich nicht zu sagen.
Da hilft Mangale seinem Freund: »Darf er den Mond haben?«
»Ja«, sagt der Herr Pfarrer, »er gehört dir.«
Glücklich bedankt sich Amal, und der schmerzende Fuß ist vergessen.

Am Weihnachtsmorgen hängen für die Kinder Geschenke am Bambusbaum vor der Hütte. Amal bekommt einen Kugelschreiber, die Schwestern Zopfspangen und Bänder und der jüngste Bruder einen kleinen, roten Ball.
Zum Weihnachtskirchgang zieht die Familie ihre ältesten Sachen an, so wie es hier Brauch ist. Viele Menschen kommen ohne Kleider, fast nackt, zum Gottesdienst. Demütig und arm, so wollen sie Jesus die Ehre erweisen. In diesem Jahr treffen sich die Verwandten bei Amals Eltern zum Weihnachtsmahl. Jeder hat dazu beigetragen und etwas Eßbares mitgebracht. Die Kinder freuen sich am meisten auf den Karamel-Pudding und auf Milchreis mit Honig, weil es so etwas Gutes nur an Festtagen gibt.
Als es dunkel wird, endet das Weihnachtsfest mit einem Feuerwerk der Gemeinde. Keine Rakete aber gefällt Amal so gut wie sein Laternen-Mond, der leuchtend über dem Eingang des Häuschens hängt.

Rena Sack

Sri Lanka ist die Heimat der Tamilen und Singhalesen. Die beiden Völker haben eine unterschiedliche Sprache und Religion. Seit vielen Jahren ist Krieg zwischen ihnen. Die Tamilen, die in der Minderheit sind, kämpfen für ein unabhängiges Tamil Elam, die Singhalesen um das Recht, die Regierungsmacht zu behalten. Es gibt Hunderttausende von Flüchtlingen innerhalb der Insel und mehrere Hunderttausende von Tamilen, die nach Indien, Europa und in die USA geflohen sind.

Zum Selberkochen: Kiribat-Würfel

Reis ist auf Sri Lanka das wichtigste Nahrungsmittel. Und es wachsen auch viele Kokospalmen auf der Insel. Aus Reis und Kokosraspeln entsteht ein süßer Brei, der zu jedem Fest gegessen wird. Er wird dir bestimmt auch schmecken.

Zutaten:

- ½ Tasse Reis
- 2 ½ Tassen Wasser
- ½ Tasse Kokosraspeln
- 1 Eßlöffel Zucker
- Honig

So wird's gemacht:

Du gibst Reis und Wasser in einen Topf.
Den Reis wäschst du mit den Fingern und schüttest das trübe Wasser durch ein Sieb ab.
Dann gießt du 2 ½ Tassen Wasser über den Reis, kochst ihn bei großer Hitze auf und läßt ihn bei kleiner Hitze 15 Minuten garen.
Jetzt gießt du den Reis durch ein Sieb ab und fängst das Reiswasser in einem Schüsselchen auf. Du füllst es in eine Tasse um und gibst noch frisches Wasser dazu, falls die Tasse nicht gefüllt wird.
Reis, Wasser, Kokosrapseln und Zukker füllst du in den Topf, rührst um und läßt alles bei kleiner Hitze zu einem dicken Brei weiterköcheln.
Nimm eine flache, viereckige Form oder eine Eiswürfelschale, spüle sie mit Wasser aus und fülle den Reisbrei hinein.
Er muß sehr gut abkühlen. Dann kannst du ihn in Würfel schneiden und mit Honig bestreichen.

Die Welt der Hindu

Amal und Amali, von denen ihr in der vorangegangenen Geschichte gehört habt, leben auf der Insel Sri Lanka. Sie feiern Weihnachten, weil sie Christen sind. Die Gemeinde der Christen ist nur klein. Die meisten Menschen auf Sri Lanka gehören einer anderen Religionsgemeinschaft an, dem Hinduismus. Diese große Religion gibt es seit vielen tausend Jahren in Indien. Von dort aus hat sie sich in weiten Teilen des Fernen Ostens ausgebreitet, auch auf der Insel Sri Lanka.

Die Menschen, die dem Hinduismus angehören, nennen sich Hindu. Sie glauben an mehrere Götter. Die wichtigsten Götter sind Brahma, der Schöpfer, Wischnu, der Bewahrer, und Schiwa, der Zerstörer und Neuschöpfer. Diese drei Götter sind Teile eines ewigen Kreislaufes, den man auch Seelenwanderung nennt. Jeder Hindu glaubt, daß seine Seele nach dem Tod in einem anderen Lebewesen wiedergeboren wird. Die Seele wandert durch Tiere, Vögel und Menschen, bis sie erlöst wird und dahin zurückkehren kann, woher sie ursprünglich kommt. Dieser Glaube gibt selbst den Ärmsten Hoffnung, daß es ihnen im nächsten Leben besser gehen wird.

Mohan wohnt in unserer Straße. Sein Vater ist Inder. Als ich ihn nach dem schönsten Fest der Hindu frage, antwortet er lächelnd: »Es gibt viele schöne Feste bei uns, aber Diwali, das Lichterfest, ist zauberhaft.« Dabei ist es ganz anders als all die Lichterfeste, von denen ihr schon gehört habt. Mohans Vater erzählt:
»Im November, wenn wir ›Diwali‹ feiern, ist es sommerlich warm in Indien. Ich komme aus der Stadt Jaipur. Die Leute bei uns haben vor dem Fest viel zu tun. Sie streichen die Fassaden ihrer Häuser neu und schmücken sie mit Blumengirlanden. An den Eingangstoren und in den Gärten stellen sie Tonlampen und Kerzen auf. Die werden am Abend angezündet. Unzählige Glühlampen beleuchten die Straßen. Es sieht aus wie in einem Märchenland voller Lichter. Die Leute kommen aus ihren Häusern und flanieren fröhlich und lachend durch die Straßen. Aus Lautsprechern tönt Musik.
Es kommt schon mal vor, daß mitten im Getümmel ein riesiger blumengeschmückter Elefant steht. Bei uns werden nämlich Elefanten zum Arbeiten eingesetzt. Der Dickhäuter läßt sich aber nicht beeindrucken von den vielen Menschen. Er wartet einfach ab, was wohl geschieht. Seine kleinen Augen blinzeln, und sein Schwanz wippt keck hin und her.
Um Mitternacht gibt es ein riesiges Spektakel, ein Feuerwerk in bunten Farben erhellt den Himmel, und Knallkörper explodieren am Boden. Es ist wie bei euch an Silvester, und Diwali hat tatsächlich eine ähnliche Bedeutung. Nach hinduistischer Zeitrechnung beginnt Anfang November zu Mitternacht ein neues Jahr.
›Diwali‹ ist ein beliebtes Volksfest. Es wird nicht nur auf der Straße gefeiert, sondern auch in der Familie. Verwandte und Freunde besuchen sich gegenseitig und machen sich kleine Geschenke. Mit einem neugeborenen Kind hat das Fest aber nichts zu tun. Die Menschen feiern es zu Ehren von Laxmi, der Göttin der Schönheit und des Reichtums.«

BRASILIEN

Weihnachten in Santo Amaró

Das kleine Mädchen Gabila hüpfte über die Veranda und sang: »Fiderallalla! Weihnachten ist nah!«
Peter, der Junge aus der Nachbarschaft, machte ein mürrisches Gesicht. Trotzdem bat er: »Sing es noch einmal.«
»Fiderallalla! Nun ist Weihnachten bald da!«
»Beim ersten Mal hast du es anders gesungen«, stellte der Junge fest.
»Puh! Deine Ohren!« neckte das Mädchen den Spielkameraden. Gabila zwitscherte: »Tirili! Tirila! Bald ist Weihnachten da!«
Peter verzog den Mund und wandte sich ab. Das Mädchen packte ihn an der Schulter und fragte: »Freust du dich denn kein bißchen?«
»Worauf?«
»Auf Weihnachten! Ich freue mich jedes Jahr zweimal. Einmal darauf, daß es Weihnachten wird. Und dann erst recht, wenn es endlich Weihnachten ist.«
Der Junge nickte vor sich hin. »Früher habe ich mich auch auf Weihnachten gefreut. Aber hier in Santo Amaró? Hier kann es überhaupt nicht Weihnachten werden.«
Das Mädchen sah ihn verständnislos an.
»Sind deine Eltern nicht zu Hause?« fragte es den Jungen. »Kommen keine Verwandten zu Besuch?«
»Doch.«
»Was hast du dir zu Weihnachten gewünscht?«
»Eine riesengroße elektrische Eisenbahn.«
»Du warst nicht immer brav, und nun fürchtest du, daß du die Eisenbahn nicht bekommst?«
»Doch, die Eisenbahn ist sicher. Das weiß ich ganz bestimmt.«

»Dann ist es mir einfach ein Rätsel«, wunderte sich Gabila, »daß du dich nicht freuen kannst.«
Nach einer Pause seufzte Peter: »Ach ja. Es ist, weil ihr hier keinen Winter habt. In Europa wird es um Weihnachten herum kälter und kälter. Weißer Schnee fällt vom Himmel. Und wir hatten einen Tannenbaum . . .«
»Oho«, unterbrach ihn das Mädchen. »Gibt es einen schöneren Weihnachtsbaum als unseren Pinheiro?«
»Aber es ist so heiß, so heiß«, klagte der Junge und zog an seiner Hemdbluse, die ihm am Körper klebte. »Und bis Weihnachten soll es noch heißer werden.«
»In Santo Amaró, in Brasilien, ist eben alles anders«, belehrte ihn Gabila. »Weißt du, was ich an deiner Stelle tun würde? Tausche die elektrische Eisenbahn gegen ein Flugzeug und fliege nach Europa zurück!«
Sagte es und ließ den verdutzten Nachbarsjungen stehen. Sie war ein wenig verärgert. Aber dann tat ihr Peter leid. Vor dem Holzschuppen traf sie auf Pablo, das alte Faktotum. Der Knecht zersägte Eukalyptusstämme und spaltete Klötze.
»Schon zurück?« wunderte sich der Indio.
»Pedro ist unglücklich«, sagte Gabila mit trauriger Stimme. »Er kann sich nicht auf Weihnachten freuen.« Und sie erzählte ihm von Peters Kummer, vom Schnee und vom Tannenbaum.
Pablo spuckte in die Hände, schwang die Axt und sagte: »Alle Kinder freuen sich auf Weihnachten. Warum soll Pedro nicht glücklich sein?«
Gabila vertraute auf Pablo. Der Alte verstand sich auf mancherlei

Zauberkünste. Freilich, gegen die Hitze war auch er machtlos. Aber vielleicht konnte er eine europäische Tanne herbeizaubern?
Pablo zwinkerte dem Mädchen zu: »Laß mich nur machen.«
Gabilas und Peters Eltern waren übereingekommen, den Weihnachtsabend gemeinsam zu feiern. Am Nachmittag des Heiligen Abends machte sich Pablo in Peters Haus zu schaffen. Auf der Veranda baute er einen riesigen Pinheirobaum auf und schmückte ihn mit bunten Kugeln, Papiervögeln und Sternen aus Stroh. Mit Girlanden aus Silberfäden, Glocken und farbigen Glühbirnen bekränzte er die grünen Nadelzweige.
Als dann am Abend zur Bescherung geklingelt wurde und die Kinder auf die Veranda treten durften, stieß Gabila Rufe des Entzückens aus.
Die Eltern staunten und sagten, solch einen herrlichen Weihnachtsbaum hätten sie zeitlebens nicht gesehen. Und selbst Peter starrte gebannt auf den leuchtenden Wunderbaum und vergaß darüber die kleine Tanne vom letzten Jahr.
Während seine Blicke noch an den glühenden Lampions hingen, ertönte die monotone Weise einer Indioflöte.
An den Treppenstufen war ein Hirte erschienen mit einem richtigen Eselchen und einem Öchslein.
Der Hirte Pablo hörte auf zu pfeifen. Er schüttelte sich, zitterte und erschauerte in seinem Poncho und sprach: »Es ist so kalt, es ist so kalt im Winterwald.« Und dabei glänzten Schweißtropfen auf seiner Stirn.
Er fuhr fort: »In dulci jubilo! Nun singet und seid froh: das Jesuskind ist uns geboren heute!«
Peter suchte Gabila, die eben noch neben ihm gestanden hatte.
»Es schneit!« rief der Junge.
Tausende von Schneeflocken aus weißen Papierschnippelchen rieselten aus der Höhe auf den strahlenden Weihnachtsbaum nieder.
»Schnee! Schnee!« jubelte Peter.
Aus dem Fenster hoch über dem Pinheirobaum streute Gabila unentwegt Schnippelchen hinunter. Dazu hörte man die helle Stimme des Mädchens: »Tirili! Tirila! Nun ist Weihnachten da!«

Heinrich Maria Denneborg

KOLUMBIEN

Ich bring' dir einen Hahn

»Stille Nacht, heilige Nacht«, singen Benito und Maria in Brasilien. Genauso wie Marco und Gianni in Amerika, Amal auf Sri Lanka und Peter bei uns. Jeder in seiner Sprache.

»Noite feliz, noite feliz, o Senhor, Deus do Amor«, klingt es mit einem etwas anderen Text, als wir ihn singen, auf Portugiesisch. »Glückliche Nacht, glückliche Nacht, o Herr, Gott der Liebe«.

Weihnachten ist in Südamerika ja auch keine »stille Nacht«, weder in Brasilien noch in Kolumbien, Ecuador, Peru, Bolivien oder Venezuela. Es ist ein lautes Fest. Überall in den Straßen hört man Musik. Ein Lastwagen fährt vorbei, auf dem »Papai Noel« steht. Ein Nikolaus winkt den Kindern zu und legt ihnen am Weihnachtsmorgen Geschenke in die Schuhe. Jetzt ist die Zeit für den Kinderumzug. Die Kinder tanzen nach Samba-Rhythmen und laufen lachend durch die Straßen, als sei Karneval.

In den Ländern Südamerikas wird Weihnachten sehr unterschiedlich gefeiert. Die meisten Menschen sind aus Europa, Afrika und Asien eingewandert. Sie feiern ihre Feste noch lange Zeit so, wie es in ihrer alten Heimat Brauch war.

Christinas Großeltern kamen vor vielen Jahren aus Deutschland nach Brasilien. Deshalb gibt es bei ihnen einen Tannenbaum mit richtigen Wachskerzen. Woher der kommt, weiß Christina allerdings nicht, denn in Brasilien wachsen keine Tannenbäume. Und außerdem wird es mit den Kerzen viel zu heiß, weil doch im Dezember der brasilianische Sommer beginnt. Trotzdem gefällt Christina der grüne Nadelbaum. Sonst kennt sie nur die bunten Plastikbäumchen mit elektrischen Kerzen, die man im Laden kaufen kann.

Auch in Kolumbien beginnen die heißen Sommertage kurz vor Weihnachten. Auf einer Missionsstation bereiten sich die Menschen der Umgebung auf die »Noche Buena«, die Heilige Nacht, vor. Bauern und ihre Kinder kommen aus weit verstreuten Dörfern zusammen. Sie kochen die »Natilla«, eine Süßspeise, und sie backen Brötchen. Zusammen mit einem Pater feiern sie Weihnachten und spielen die Weihnachtsgeschichte. Dabei erzählen sie dem Kind in der Krippe auch von ihren Sorgen und Wünschen. Später sitzen Kinder und Erwachsene fröhlich zusammen. Sie essen und spielen und tanzen, und sie singen auch dieses kolumbianische Weihnachtslied:

Yo soy pobre y nada tengo
y vengo de Egipto aquí
y al niño Jesus le traigo
un gallo quiquiriquai

Ich bin ein Armer, habe nichts.
Aus Ägypten komme ich
und bringe dem Jesuskind
einen Hahn.
Der kräht Kikeriki.

Übertragen von
Michael Vescoli

Die Welt der Indianer

Vor sehr langer Zeit gehörten die riesigen Länder Brasilien und Kolumbien den Indianern. Dann kamen die Schiffe des Christoph Kolumbus und anderer Europäer. Sie eroberten ihre Felder, Flüsse, Berge und Wälder. Die Indianer wurden unterdrückt, ausgebeutet und gemordet. Sie kämpften bald fünfhundert Jahre um ihr Überleben, aber sie hatten keine Chance.

Heute gibt es nur noch wenige Hunderttausende, die in den Urwäldern Südamerikas leben. Zu ihnen gehören die Stämme der Yanomamo-Indianer und das Volk der Tukano. Sie leben in Familienverbänden mitten im Regenwald, an den großen Flüssen, die in den Amazonas münden. Sie sind Jäger und Sammler.

Das Leben im Urwald ist natürlich nicht ungefährlich, denn wilde Tiere, Schlangen, Jaguare bedeuten Lebensgefahr, und Überschwemmungen oder Erdrutsche bringen Zerstörungen mit sich. Dafür gibt es im Regenwald alles, was die Indianer täglich brauchen: Früchte und Tiere zum Essen und Holz für ihre Häuser.

Jeder Stamm hat seinen Glauben, der in der Natur des Regenwaldes verwurzelt ist. Die Natur ist die stärkste Kraft. Von ihr sind alle Lebewesen abhängig. Die Indianer haben größte Ehrfurcht vor der Natur. Sie glauben, daß alles Leben aus gemeinsamen Ahnen entstanden ist und daß die Geister dieser Ahnen weiter im Regenwald leben und mit ihnen verbunden sind.

So hat jeder Stamm seine Geschichten und seine Feste, die eng an diesen Naturglauben gebunden sind. Sie werden von Generation zu Generation mündlich weitergegeben. Familien-Oberhäupter und Häuptlinge sorgen dafür, daß die alten Indianer-Sitten und ihre Sprache nicht ganz verloren gehen. Auch heute noch, wo die Lebensweise der letzten Indianer-Stämme mehr und mehr durch die Menschen gefährdet wird, die immer weiter in die Wälder vordringen, um Bäume zu roden und Tiere zu töten, und damit den Lebensbereich der Indianer zerstören.

Und wie ist es in der übrigen Welt? In China, in Tibet, bei den australischen Ureinwohnern, bei den Eskimos? Es gibt ganze Erdteile mit anderen Religionen als das Christentum, so wie es ganz verschiedene Völker mit verschiedenen Lebensformen gibt. Sie wissen natürlich nichts von Weihnachten. Diese Menschen haben andere Feste. Doch darauf kommt es gar nicht an. Wichtig ist, daß wir sie achten und tolerieren. Vielleicht können wir sogar von den Ideen, die hinter anderen Religionen stecken, lernen?

Das farbige Dienstmädchen Arcie war schrecklich müde, als sie, über den heißen Herd gebeugt, das Abendessen kochte. Heute hatte sie zwischen den Mahlzeiten das ganze Haus für die weiße Familie, bei der sie arbeitete, sauber gemacht, damit zum morgigen Weihnachtstag alles fertig war. Jetzt schmerzte sie der Rücken, und der Kopf tat ihr weh vor Müdigkeit. Nun, sie würde ja bald gehen – wenn nur die Frau und die Kinder zum Essen nach Hause kämen. Sie waren unterwegs, um immer noch mehr Sachen für den Tannenbaum einzukaufen, der geputzt, mit Flittergold behangen und prächtig anzuschauen im Wohnzimmer stand und darauf wartete, daß seine Kerzen angezündet würden.

Arcie wünschte, sie könnte für Joe einen Baum erschwingen. Er hatte noch nie einen gehabt, und es ist doch so schön für ein Kind, Weihnachten ein Bäumchen zu haben. Joe wurde bald sechs. Arcie starrte auf den Braten im Ofen der Weißen und machte sich Gedanken, wieviel sie heute abend für Spielsachen ausgeben könne. Sie bekam nur sieben Dollar die Woche; vier mußte sie der Wirtin für das Zimmer bezahlen und dafür, daß sie jeden Tag auf Joe aufpaßte, während sie, Arcie, arbeitete.

Gott, es ist schwieriger, als man sich vorstellt, ein Kind aufzuziehen, dachte Arcie.

Sie blickte nach der Uhr auf dem Küchentisch. Nach sieben. Was machte die Weißen nur so verdammt rücksichtslos? Warum bloß kamen sie nicht nach Hause zum Abendbrot? Sie wußten doch, daß sie gehen wollte, bevor alle Geschäfte schlossen. Ihr blieb ja keine Zeit, für Joe etwas zu besorgen, wenn sie sich nicht beeilten. Und ihre

Wirtin wollte wahrscheinlich auch noch einkaufen gehen und nicht länger den kleinen Joe auf dem Halse haben.
»Verdammt!« sagte Arcie vor sich hin. »Wenn ich mein Geld schon hätte, würde ich das Abendessen auf dem Herd stehenlassen. Ich muß es einfach noch schaffen, bevor die Läden zumachen.« Aber sie hatte ihr Geld für die Woche noch nicht. Die Frau hatte versprochen, am Heiligabend zu zahlen, ein oder zwei Tage früher als sonst.
Arcie hörte eine Tür zuschlagen, dann Schwatzen und Lachen vorn im Haus. Sie lief aus der Küche und sah, wie sich die Frau und die Kinder den Schnee von den Mänteln klopften.
»Umm-mm! Es ist prima zum Heiligabend«, sagte eines der Kinder zu Arcie. »Es schneit wie verrückt, Mutter wäre beinahe bei rotem Licht weitergefahren. Man kann kaum sehen vor Schneeflocken. Prima!«
»Das Abendbrot ist fertig«, sagte Arcie. Sie dachte daran, daß sie mit ihren Schuhen im Schnee schlecht gehen konnte.

Es schien, als ließen sich die Weißen heute so viel Zeit wie nur irgend möglich mit dem Essen. Während Arcie das Geschirr abspülte, kam die Frau mit dem Geld.
»Arcie«, sagte die Frau, »es tut mir leid, aber würde es dir etwas ausmachen, wenn ich dir heute abend nur fünf Dollar gebe? Die Kinder haben mit ihren Geschenkeinkäufen und allem dafür gesorgt, daß ich knapp an Kleingeld bin.«
»Ich möchte gern sieben«, sagte Arcie. »Ich brauche sie.«

»Tja, sieben habe ich einfach nicht«, sagte die Frau. »Ich habe auch nicht gewußt, daß du das ganze Geld noch vor Ende der Woche haben wolltest. Ich kann es wirklich nicht erübrigen.«
Arcie nahm die fünf. Als sie aus der warmen Küche kam, packte sie sich ein, so gut sie konnte, und hetzte zu dem Haus, wo sie ein Zimmer zur Miete hatte, um Joe zu holen. Wenigstens konnte er sich in der Stadt die Weihnachtsbäume in den Schaufenstern ansehen.
Die Wirtin, eine starke, helle Farbige, hatte schlechte Laune. Sie sagte zu Arcie: »Ich dachte, Sie kämen zeitig nach Hause und holten den Jungen. Sie müßten doch wissen, daß ich auch gelegentlich mal weggehen will.«
Arcie erwiderte nichts, denn hätte sie etwas gesagt, so hätte ihr die Wirtin wahrscheinlich an den Kopf geworfen, daß sie nicht danach bezahlt würde, um Tag und Nacht auf das Kind aufzupassen.
»Komm, Joe«, sagte Arcie zu ihrem Sohn. »Wir wollen auf die Straße gehen.«
»Stimmt es, daß der Weihnachtsmann in der Stadt ist?« fragte Joe und zwängte sich in seinen abgetragenen kleinen Mantel. »Ich möchte ihn gern sehen.«
»Weiß nichts davon«, sagte seine Mutter, »aber beeil dich und zieh die Gummischuhe an. Die Geschäfte machen gleich zu.«
Es waren sechs oder acht Straßen bis zum Geschäftsviertel. Sie stapften durch den fallenden Schnee, beide froren ein wenig. Aber wie schön war der Schnee! In der Hauptstraße baumelten strahlende rote und blaue Lampen. Vor dem Rathaus stand ein Weihnachtsbaum – aber es waren keine Geschenke daran, nur Lichter. In den Schaufenstern lag Spielzeug in Hülle und Fülle – zum Verkauf.
Joe hörte nicht auf mit seinem »Mama, ich möchte . . .«
Aber die Mutter lief weiter. Es war fast zehn, Ladenschlußzeit, und Arcie wollte für Joe ein Paar billige Handschuhe und etwas Warmes zum Anziehen und auch ein oder zwei Spielsachen kaufen. Sie hoffte, sie käme vielleicht an einem Ramschladen vorbei, der Kindersachen hätte. Und in dem Zehn-Cent-Laden konnte sie das Spielzeug kriegen.
»Oh! Sieh mal . . .«, rief Joe unaufhörlich und zeigte auf die Sachen in den Auslagen. Wie warm und freundlich die Lichter und die Läden und die Leuchtreklame durch das Schneegestöber aussahen.

Die Fausthandschuhe und die anderen Sachen kosteten Arcie mehr als einen Dollar. Bei A & P. kaufte Arcie eine große Schachtel harte Bonbons für neunundvierzig Cent. Und dann schob sie sich mit Joe durch die Menge auf der Straße, bis sie zu dem Zehn-Cent-Laden gelangten. Kurz vor dem Geschäft kamen sie an einem Kino vorbei. Joe sagte, er wolle reingehen, die Filme ansehen.
Arcie sagte: »Ba, ba! Nein, nein, mein Junge. Hier sind wir nicht in Baltimore, wo es auch Vorstellungen für Farbige gibt. In diesen kleinen Städten hier lassen sie Farbige nicht rein. Wir können da nicht rein.«
»Ach«, sagte Joe.

Im Zehn-Cent-Laden drängten sich fürchterlich viele Menschen. Arcie ermahnte Joe, draußen zu bleiben und auf sie zu warten. In dem vollen Geschäft auf ihn aufzupassen, das wäre ja was! Außerdem wollte sie ihn auch nicht sehen lassen, was sie für Spielzeug kaufte. Das sollte morgen eine Überraschung vom Weihnachtsmann werden. Joe stand draußen vor dem Zehn-Cent-Laden im Licht und im Schnee, viele Leute gingen vorüber. Uih, Weihnachten war schön! Lauter Flimmer und Sterne und Watte. Und der Weihnachtsmann kam von irgendwoher und steckte schöne Sachen in die Strümpfe. Und alle Leute in den Straßen schleppten Pakete, und die Kinder sahen fröhlich aus.

Aber Joe wurde es bald müde, nur so vor dem Zehn-Cent-Laden zu stehen und nachzudenken und zu warten. Es gab in den anderen Schaufenstern noch so viel zu bestaunen. Er ging ein Stückchen die Straße entlang und dann noch ein Stückchen, lief und guckte. Er ging schließlich so weit, bis er zu dem Kino der Weißen kam.

In der Vorhalle des Theaters, hinter den Glastüren, war es warm und schrecklich fein, alles erstrahlte im Licht. Joe blieb stehen und schaute hinein, und wie er so guckte, erkannte er unter Palmenzweigen und fliegenden farbigen Bändern und den Leuchtsternen der Vorhalle einen wunderbaren glänzenden Weihnachtsbaum. Daneben stand – umringt von Kindern und Erwachsenen, alles Weiße natürlich – ein großer, freundlicher Mann in Rot. Oder war es kein Mensch? Joe riß die Augen weit auf. Nein, auf keinen Fall war es ein Mensch. Das war der Weihnachtsmann!

Der kleine Joe stieß eine der Glastüren auf und rannte in die Vorhalle des Kinos der Weißen. Stracks lief er durch die Menge und postierte sich so, daß er den Weihnachtsmann gut sehen konnte. Der teilte Gaben aus, kleine Geschenke für Kinder, Schachteln mit tierförmigem Gebäck und Lutschbonbons. Und hinter ihm am Baum hing ein großes Schild, das Joe natürlich nicht lesen konnte; darauf stand: *Unseren kleinen Besuchern ein frohes Fest! Der Weihnachtsmann.* Rings in der Vorhalle waren noch mehr Plakate: *Besuchen Sie nach der Vorstellung mit Ihren Kindern unseren Weihnachtsmann.* Und ein anderes Schild verkündete: *Das GEM-Theater erfreut seine Gäste – besuchen Sie unseren Weihnachtsmann.*

Und dort war nun der Weihnachtsmann in rotem Anzug und weißem

Bart, über und über betupft mit glitzernden Schneeflocken, umgeben von Klappern und Trommeln und Schaukelpferden, aber die verschenkte er nicht. Doch die Schilder darüber erklärten (hätte sie Joe lesen können), daß sie am ersten Weihnachtstag auf der Bühne den glücklichen Gewinnern überreicht würden. Heute abend teilte der Weihnachtsmannn nur Bonbons, Lutscher und Kekstiere an die Kinder aus. Joe wollte entsetzlich gern einen Lutscher haben. Er rückte an den Weihnachtsmann heran, bis er wirklich genau vor allen anderen stand. Und dann bemerkte der Weihnachtsmann den kleinen Joe.

Warum eigentlich grinsen die meisten Weißen immer, wenn sie ein Negerkind sehen? Der Weihnachtsmann grinste. Jedermann grinste und blickte auf den kleinen schwarzen Joe – der in der Vorhalle eines Theaters für Weiße nichts zu suchen hatte. Dann bückte sich der Weihnachtsmann und suchte verstohlen eine der zu gewinnenden Klappern, eine gewaltige, starke, laute Blechklapper, wie man sie beim Tingeltangel verwendet. Und er schlug sie grimmig, direkt auf Joe zu. Das war ein Spaß; die Weißen lachten, die

Kinder und alle anderen. Aber der kleine Joe lachte nicht. Er fürchtete sich. Während die gewaltige Klapper dröhnte, machte er kehrt und flüchtete aus der warmen Vorhalle des Kinos hinaus auf die Straße, wo Schnee war und wo die Leute vorbeieilten. Von dem Gelächter erschreckt, hatte er zu weinen begonnen. Er suchte die Mama. Im Grunde seines Herzens hatte er sich niemals vorgestellt, daß der Weihnachtsmann gewaltige Klappern schlug, so auf Kinder zu, und dann lachte. In dem Gewimmel auf der Straße nahm er die falsche Richtung. Er fand weder den Zehn-Cent-Laden noch seine Mutter. Zu viele Leute waren unterwegs, alles Weiße, die sich wie weiße Schatten im Schnee bewegten, eine Welt von weißen Leuten. Joe dauerte es schrecklich lange, bis er endlich Arcie entdeckte, schwarz, besorgt; sie schob sich durch die vorüberflutende Menge und packte ihn. Obwohl sie die Arme voller Päckchen hatte, bekam sie es fertig, ihn mit einer freien Hand zu schütteln, daß ihm die Zähne klapperten.
»Warum bleibst du nicht dort, wo ich dich hinstelle?« fragte sie laut. »Müde, wie ich schon bin, muß ich noch abends durch alle Straßen laufen und dich suchen. Ich könnte dich auf der Stelle verprügeln.«
Als Joe auf dem Nachhauseweg wieder zu Atem kam, erzählte er seiner Mama, daß er in dem Kino war.
»Aber der Weihnachtsmann gab mir nichts«, sagte Joe unter Tränen. »Er kam mit so viel Lärm auf mich zu, da bin ich rausgerannt.«
»Geschieht dir recht«, sagte Arcie, durch den Schnee watend. »Du hattest dort nichts verloren. Als ich wegging, hab ich dir gesagt, du solltest warten.«
»Aber ich hab den Weihnachtsmann dort drin gesehen«, sagte Joe, »da bin ich reingegangen.«
»Huh! Das war gar nicht der Weihnachtsmann«, meinte Arcie. »Wenn er es gewesen wäre, hätte er dich nicht so behandelt. Das ist ein Kino für Weiße – ich hab es dir doch gesagt –, und das war nur ein alter weißer Mann.«
»Och«, sagte der kleine Joe.

Langston Hughes

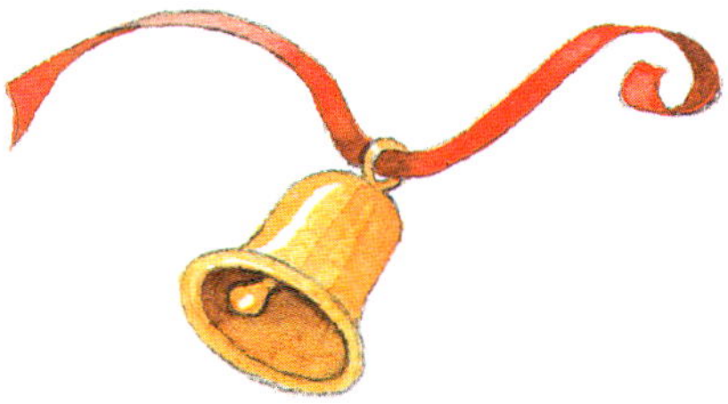

Stille Nacht, heilige Nacht!

Komposition: Franz Gruber
Text: Joseph Mohr

2. Stille Nacht, heilige Nacht!
Gottes Sohn, oh, wie lacht
Lieb' aus deinem göttlichen Mund,
da uns schlägt die rettende Stund,
Christ, in deiner Geburt,
Christ, in deiner Geburt!

3. Stille Nacht, heilige Nacht!
Hirten erst kundgemacht
durch der Engel Halleluja,
tönt es laut von fern und nah:
Christ, der Retter ist da!
Christ, der Retter ist da!

SCHWEDEN

Die Lichterkönigin

Ich möchte euch nun von einem Fest erzählen, in dem es wieder einmal um viele Lichter geht. Es findet in Schweden statt: in jedem Dorf, in jeder Stadt und in fast allen Familien. Es wird am 13. Dezember, dem Namenstag der Lucia, gefeiert. Dann tragen die Mädchen in Schweden Kerzenkronen. Mit diesem Kopfschmuck hat es seine besondere Bewandtnis, und mit dem Lucia-Tag beginnt auch die Weihnachtszeit in Schweden.

Es gibt zwei Geschichten über die Lucia, die dem schönen Brauch ihren Namen gegeben hat. Die eine erzählt von einem Mädchen, das vor bald eintausendachthundert Jahren lebte:

Lucia war schön und aus reichem Elternhaus. Sie lebte als Christin, was im damaligen römischen Reich verboten war. Lucia verschenkte ihren Reichtum an die Armen, und sie weigerte sich, den Mann zu heiraten, den man für sie ausgesucht hatte. Dafür und ihres Glaubens wegen wurde sie vor Gericht gestellt, verurteilt und zu Tode gequält.

Die andere Geschichte erzählt von einer weisen Frau, die im Moor lebte. Jedes Jahr in den dunklen Wintermonaten soll sie über die Moore gekommen sein, um den Menschen Licht zu bringen. Man nannte sie die Lichterkönigin.

Zu Ehren der Heiligen Lucia und der Lichterkönigin Lucia werden an deren Gedenktag in ganz Schweden Lucia-Bräute gewählt. Es sind junge Mädchen, in lange, weiße Gewänder gekleidet, und sie tragen immergrüne Kränze mit brennenden Kerzen auf den Köpfen. In Dörfern und Städten kommt Lucia, die Lichterkönigin, mit einem Gefolge von anderen Mädchen und Sternsingerknaben zu den Leu-

ten. Sie singen das Lucia-Lied und bieten den Menschen Kaffee, Gebäck und »Glögg« an, einen warmen würzigen Wein.
Die Lucia-Braut in der Familie ist eine Frühstücksfee. Ihre Rolle wird üblicherweise von der ältesten Tochter gespielt. Weil aber jedes Mädchen einmal im Leben die Lucia sein will, wird diese Aufgabe auch den jüngeren Töchtern übertragen. Die häusliche Lucia ist ebenfalls in Weiß gekleidet und trägt eine Lichterkrone auf dem Kopf. Sie bringt den Eltern und Geschwistern das Frühstück ans Bett, und weil es ein Festtag ist, liegen auf dem Frühstückstablett feine Lieblingskuchen und Safranbrötchen.

Zum Selbermachen: Schwedischer Adventskranz

Was du brauchst:

Für diesen eßbaren Adventskranz benötigst du einen großen flachen Korb, eine Menge Nüsse, möglichst verschiedene Sorten, dazu vier hohe Kerzen, vier Steckständer für die Kerzen und vier rotwangige Äpfel.

So wird's gemacht:

Die Steckständer verteilst du gleichmäßig am Rande des Korbes und befestigst sie gut. Da hinein steckst du die Kerzen. Dann füllst du den Korb mit Nüssen und legst die Äpfel obenauf.

Der Adventskranz

Aus Österreich

2. Zweites Licht mit hellem Schein,
   leuchte uns ins Herz hinein –
   glänze golden, warm und fein.

3. Drittes Licht, sollst leuchtend führen:
   Leucht den Menschen und den Tieren,
   die jetzt hungern oder frieren.

4. Alle leuchten, oh, wie fein!
   Christkind, komm zu uns herein,
   du sollst bei uns Kindern sein.

TSCHECHOSLOWAKEI

Christinas Frage

Im letzten Jahr feierten Christina und ihre Eltern das Weihnachtsfest in der Tschechoslowakei. Endlich konnten sie zur Großmutter nach Prag reisen. Die Grenze gab es nicht mehr, die es den Menschen unmöglich gemacht hatte, ihre Heimat zu besuchen. In Prag feierten die Menschen wieder richtig Weihnachten. Das merkte man gleich an der großen, geschmückten Tanne vor der Teynkirche. Christina staunte über die unzähligen kleinen Briefe und Päckchen an ihren Zweigen, hübsch verschnürt mit bunten Bändern. Frieden stand darauf: peace, paix, paz, mir, sulh. Frieden in Sprachen aus allen Teilen der Welt. Lauter Wünsche und Friedensbotschaften.
Als ich Christina fragte, wie es denn bei der Großmutter in Prag gewesen sei, erzählte sie zuallererst von dem Weihnachtsbaum mit den vielen Wünschen und Botschaften. Die hatten ihr besonders Eindruck gemacht. »Ob sie sich wohl erfüllen werden?« fragte sie.
Ich möchte die Frage an dich weitergeben: Was meinst du?

DEUTSCHLAND

Ayshe und der Weihnachtsmann

Ayshe wohnte am Ende der Straße in dem Haus mit den grüngestrichenen Fenstern. Der Postbote kannte Ayshe schon seit einiger Zeit. Sie kam meist aus der Schule heim, wenn er in der Brückenstraße gegen Mittag die letzte Post austrug. Zweimal hatte er schon einen Brief für sie gebracht. Der war von ihren Großeltern aus der Türkei gewesen. Ayshe hatte sich riesig gefreut. Das war im Sommer.

Im Herbst war es kalt geworden. Ayshe fror oft. In ihrer Heimat war es viel wärmer. Sie mußte sich an vieles gewöhnen, was hier anders war. Die Menschen benahmen sich anders, hatten andere Sitten und Bräuche als in dem kleinen türkischen Dorf, aus dem sie stammte. Dort kannte sie jeden. Aber hier in der großen fremden Stadt wußte sie nicht einmal, wie die Leute im Haus gegenüber hießen. Sie hatten es immer eilig und liefen meist grußlos vorbei. Der Postbote war eine Ausnahme. Er war immer nett und freundlich.

»Vielleicht hab ich bald ein Weihnachtspäckchen für dich«, sagte der Postbote im Dezember, als er sein Rad im Schnee ein Stück neben ihr herschob.

»Das wäre schön«, sagte Ayshe. »Ich habe noch nie ein Weihnachtspäckchen bekommen.«

»Heute ist leider wieder nichts für dich dabei. Ich werde mal mit dem Nikolaus reden«, versprach der Postbote am nächsten Tag. Aber auch am Nikolaustag war kein Päckchen für Ayshe im Postsack.

»Das verstehe ich nicht«, sagte der Postbote. »Wo der alte Herr doch sogar aus der Türkei stammt. Wenn mich nicht alles täuscht, dann ist der Heilige Nikolaus in Myrna in der Türkei geboren.«

»Das hab ich gar nicht gewußt«, sagte Ayshe.
Sie freute sich jedesmal, wenn sie den Mann mit der blauen Mütze traf. Denn wenn er auch kein Päckchen für sie brachte, so unterhielt sie sich gern mit ihm.
»Heute habe ich viel zu schleppen. Ich muß nämlich dem Weihnachtsmann helfen«, sagte der Postbote. »Im Dezember werden alle Postboten als Hilfsweihnachtsmänner eingesetzt.« Es war Mitte Dezember, und die Packtaschen an seinem Rad waren vollgepackt bis oben hin.
»Der Weihnachtsmann? Wie ist das eigentlich mit dem Weihnachtsmann? Hast du schon einen echten gesehen? Wie sieht er wirklich aus?« fragte Ayshe.
»Was? Das weißt du nicht? Das weiß doch jedes Kind! Er hat einen weißen Bart, ungefähr so wie ich, und trägt als Dienstkleidung einen roten Mantel.«

»In unserer Familie wird Weihnachten nicht gefeiert«, sagte Ayshe.
»Siehst du, das hab ich nicht gewußt«, sagte der Postbote.
»Weihnachten ist ein christliches Fest, und wir sind Moslems«, erklärte Ayshe.
»Tja, das ist vermutlich auch der Grund, wieso kein Weihnachtspäckchen für dich kommt«, sagte der Postbote nachdenklich.
»Kannst du nicht trotzdem dem Weihnachtsmann sagen, daß ich jetzt hier wohne und daß er mich nicht vergessen soll? Zu meinen deutschen Freundinnen kommt er doch auch.«
»Nun, er ist ein vielbeschäftigter Mann und hat alle Hände voll zu tun mit den Wunschzetteln, die er schon hat«, sagte der Postbote. »Aber ich will es versuchen.«
Auf dem Heimweg blieb der Postbote vor dem Laden mit den Süßigkeiten stehen. Und dann vor dem Spielwarenladen. Er wüßte schon, was man der kleinen Ayshe schenken könnte. Dann rechnete er. Wenn er sich bis Weihnachten keine Zigaretten kaufen würde, sondern . . .

Als er am nächsten Tag wieder an Ayshes Haus vorbeikam, rief er: »Schönen Gruß vom Weihnachtsmann. Er hat sich deine Adresse aufgeschrieben!«
»Wirklich?« rief Ayshe. »Vielen Dank!« Und am nächsten Tag schenk-

te sie dem Postboten ein Bild, auf dem sie den Weihnachtsmann gemalt hatte, so wie sie sich ihn vorstellte. Er sah tatsächlich ein bißchen wie der Briefträger aus.
»Ayshe, du bist verrückt. Es gibt gar keinen richtigen Weihnachtsmann«, sagte ihr Bruder. »Man muß sich alles selbst kaufen. Man kriegt nichts geschenkt.«
Da war Ayshe sehr traurig. Ob sie der nette Postbote angelogen hatte?
Dann kam der 24. Dezember. Die allerletzten Pakete und Päckchen wurden am Postamt an die Zusteller verteilt.
Für Ayshe war nichts dabei. Da radelte der Postbote an seiner Wohnung vorbei und holte das Päckchen, das er vorbereitet hatte. Er klingelte zweimal an Ayshes Wohnung und rief: »Weihnachtspost für Ayshe!«
»Für mich?« rief Ayshe und drückte das Päckchen an sich. »Danke. Vielen Dank!«
»Direkt vom Weihnachtsmann«, sagte der Postbote, und dann radelte er schnell weiter. Es war noch viel zu tun. Als er nach den Feiertagen wieder an Ayshes Haus vorbeikam, wartete sie schon auf der Straße und sagte: »Kannst du mir helfen? Ich habe einen Brief an den Weihnachtsmann geschrieben und weiß seine Adresse nicht.«
»Gib mir den Brief nur mit«, sagte der Briefträger. »Ich will schon dafür sorgen, daß er an die richtige Adresse kommt. Das ist schließlich mein Beruf!«

Ursel Scheffler

Zum Selbermachen: Zuckersüßer Schneemann

Weihnachtszeit ist Winterzeit, ist Schneezeit. Was wäre Winter ohne einen Schneemann? Wenn es noch nicht geschneit hat und du draußen keinen bauen kannst, knete doch schon mal einen Minischneemann aus Marzipan. Der schmeckt sogar, und du kannst ihn verschenken. Dann steckst du ihn in ein Zellophansäckchen, bindest es hübsch zu und gibst ihn weiter.

Die Zutaten:

- 100 g Marzipan-Rohmasse
- 5 Eßlöffel Puderzucker
- 1 Beutel Schokoladenglasur für Torten
- »Liebesperlen« für Nase und Augen
- Zahnstocher

So wird's gemacht:

Die Schokoladenglasur stellst du in einen Topf mit heißem Wasser. Die Herdplatte bleibt warm eingestellt. Die Glasur schmilzt langsam. Später schneidest du den Beutel auf.
Marzipan und Puderzucker gibst du in eine Schüssel und verknetest beides miteinander.
Aus dem Marzipan formst du eine Rolle und schneidest sie in fünf Teile: $\frac{1}{2}$ Rolle ist der Unterleib, $\frac{1}{4}$ Rolle ist der Oberkörper, $\frac{1}{8}$ Rolle ist der Kopf. Je $\frac{1}{16}$ Rolle sind für Hut und Kragen.
Die Teile für Unterkörper, Oberkörper und Kopf rollst du zu Kugeln.
Stecke sie übereinander auf den Zahnstocher: unten der Unterkörper, in der Mitte der Oberkörper, oben der Kopf. Den unteren Teil drückst du so auf den Tisch, daß der Schneemann standfest steht.
Aus dem mittleren Teil drückst du mit Daumen und Zeigefinger rechts und links Arme.
Du formst den Kragen und legst ihn dem Schneemann um.
Zuletzt formst du einen Hut und klebst ihn mit etwas Schokoladenglasur an den Kopf.
Jetzt bekommt er Augen und Nase und wird mit Glasur angemalt. Mit braunem Hut und braunem Schal ist er ein stattlicher Schneemann.

Geschenke liegen nicht immer unter dem Weihnachtsbaum

Am 6. Dezember feiern alle Kinder den Geburtstag des Nikolaus. Eine Legende erzählt, daß Nikolaus vor eintausendsechshundert Jahren in Vorderasien als Bischof der Hafenstadt Myrna lebte. Er war ein demütiger Mensch und kümmerte sich um die Armen. Besonders liebte er die Kinder und half ihnen, wo immer er konnte. Von Zeit zu Zeit segelte der Bischof auf das Meer hinaus zu den Handelsschiffen, die an der Küste vorbeikamen. Er steuerte direkt auf sie zu und bat die Seeleute um einen Teil des Getreides, das sie mit sich führten. So konnte er Korn und Weizen an das Volk austeilen, das nichts besaß.

Der Nikolaus ist der Schutzpatron der Seeleute. In Holland, an der Nordseeküste, heißt er Sinterklaas. Jedes Jahr am Nikolaustag legt Sinterklaas mit seinem Schiff in Rotterdam an. Er trägt einen roten Bischofsmantel und die Bischofsmütze. Auf einem Schimmel reitet er an Land und wird von seinem Helfer »zwarte Piet« begleitet. Zum Empfang läuten die Glocken aller Kirchen, am Kai warten Kinder und Erwachsene und begrüßen ihren Sinterklaas begeistert mit Rufen und Liedern.

Sinterklaas, das ist der Geschenkebringer, der immer für einen Spaß zu haben ist. Er legt seine Gaben nämlich nicht immer an den gleichen Platz. Er versteckt sie, weil er weiß, wie sehr Kinder Versteckspiele lieben. Häufig denkt er sich auch Überraschungspakete aus. Miep bekam zum Beispiel einen großen Karton, der war federleicht. Unter Bergen von Zeitungspapier fand sie ein winziges Schächtelchen mit einem gelben Band umwickelt. Darin lagen zwei Ohrringe, über die sie sich riesig freute.

In Italien bringt eine uralte Frau am 6. Januar den Kindern Geschenke. Man sagt, sie sei zwar häßlich anzusehen, dafür aber hat sie ein gutes Herz, das für Kinder schlägt. Befana ist der Name der guten und wohltätigen Hexe. Sie geht mit einem Glöckchen von Haus zu Haus und füllt Strümpfe mit süßen Sachen. Wer in seinem Strumpf eine Kohle findet, war wohl nicht brav. Man erzählt sich auch, daß Befana auf einem Besen durch die Nacht sause und ihre Geschenke durch den Kamin bringe.

Auch in England kommt Santa Claus durch den Kamin. Am ersten Weihnachtsmorgen finden die Kinder ihre gefüllten Strümpfe am Bett hängen oder am Kamin. Deshalb schlafen sie auch in der Weihnachtsnacht so wenig. Sie sind einfach zu neugierig, ob Santa Claus die Reise mit seinem Rentierschlitten über Dächer und Kamine auch zu ihnen geschafft hat.

In Schweden erwarten die Kinder nach dem großen Weihnachtsessen ihren Jultompte. Der Tompte trägt einen dicken Pelzmantel und kommt von weither auf einem Rentierschlitten angereist. Er wirft die Geschenke hübsch verpackt durch einen Türspalt. Das ist »Julklapp«, das Weihnachtsklopfen. »God Jul« rufen sich die Kinder und Erwachsenen zu, gute Weihnachten.

Überhaupt benützen Weihnachtsmänner gerne Rentierschlitten. Auch in Amerika ist das so. Der amerikanische Santa Claus fährt

durch die Luft und wirft die Gaben ebenfalls durch den Kamin in die Häuser. Inzwischen hat er sich unserem technischen Zeitalter angepaßt und benutzt häufig einen Helikopter. In Millionenstädten wie Los Angeles und New York gewinnt er damit eine Menge Zeit für die immer größer werdende Zahl von Kindern.
In Brasilien legt Papa Noel den Kindern Geschenke in die Schuhe. Eigentlich ist er der Nikolaus, doch erst am Weihnachtsmorgen finden die Kinder ihre Überraschung.
Doch nicht überall gibt es Geschenke zu Weihnachten. In Südamerika und in Afrika leben unzählige besitzlose und für uns unvorstellbar arme Menschen. Für sie bedeutet ein ausreichendes Essen etwas besonders Kostbares. Clement aus dem afrikanischen Land Ghana erzählt: »Meine Familie gehört zu einer christlichen Gemeinde. Vor Weihnachten warten wir gespannt auf die Frage unserer Mutter: Was wünscht ihr euch als Festessen? Die Erfüllung dieses Wunsches ist unser Weihnachtsgeschenk. Essen ist für uns das größte Geschenk, denn wir werden nicht immer alle satt. Am schönsten ist es, wenn es zum Weihnachtsfest verschiedene Speisen gibt. Deshalb beschenken sich die Verwandten und Freunde auch mit Sachen zum Essen. Und wenn es geht, schlachtet die Familie ein Schaf oder ein Huhn oder sogar ein Schwein, das während des ganzen Jahres gefüttert wurde. Nur die ganz Armen machen das nicht. Sie bekommen von den anderen, die mehr haben, ein Weihnachtsessen.«

Zum Selberbacken: Plätzchen

Plätzchenbacken gehört einfach zu Weihnachten. Und es ist gar nicht schwer. Aus Mailänderteig lassen sich viele verschiedene Plätzchen zaubern: für die Adventszeit, auf dem Weihnachtstisch, als Baumschmuck, Päckchenanhänger und überhaupt zum Verschenken.

Die Zutaten für den Mailänderteig:

- 250 g weiche Butter
- 200 g Vollrohrzucker
- etwas abgeriebene Zitronenschale
- 1 Ei und 1 Eigelb
- 500 g Mehl
- 1 Messerspitze Backpulver
- 1 Prise Salz

So wird's gemacht:

Butter, Zucker, Zitronenschale gibst du in eine große Schüssel und rührst alles schaumig.
Die Eier dazu geben und verrühren.
Das Mehl mischst du mit Salz und Backpulver und rührst es ebenfalls unter die Masse.
Dann knetest du einen festen Teig. Dafür darfst du die Hände benützen.
Der Teig soll zwei Stunden kalt stehen, bevor er ausgerollt wird.
Arbeitsplatte und Teigrolle mit Mehl abreiben. So klebt der Teig nicht an.
Jetzt rollst du ihn etwa 5 mm dick aus.
Du verwendest Ausstechformen wie Sterne, Herzen, Engel, Bäumchen und Tiere. Du kannst auch Schablonen aus Karton malen und ausschneiden.
Alle Plätzchen sollen vor dem Backen kalt gestellt werden, damit sie ihre Form behalten.
Das Backblech legst du mit Backfolie aus, und darauf legst du die Plätzchen. Sie werden im vorgeheizten Ofen bei 200 Grad 15 Minuten hellgelb gebacken.
Zum Bestreichen nimmst du Eigelb.
Für Zuckerglasuren verrührst du Puderzucker mit wenigen Tropfen Zitronensaft.
Zum Füllen suchst du deine Lieblingskonfitüre aus.
Zum Schluß kannst du sie mit Silberperlen, Zuckerblumen, Mandeln, Haselnüssen, Albumbildern oder fertiger Schokoladenglasur verzieren.

Weihnachtsmarkt. Seit Tagen zeigen Plakate das große Dorfereignis an. Heute ist es soweit. Peter zappelt ungeduldig am Mittagstisch hin und her. »Ich muß los«, platzt er heraus. »Ich bin mit Christian zum Standhüten verabredet. Es kommt alles zusammen: Hamster füttern, Schule, Stand aufbauen, Essen, jetzt der Flohmarkt und danach Hauptprobe fürs Weihnachtsspiel. Ich bin total im Streß.«

Ganz schön übertrieben, denkt Silvia, die drei Jahre älter ist als ihr Bruder und viel mehr vorhat. Streß, findet sie, haben Kleine doch noch nicht.

»Im Streß? Du mit deinen zehn Jahren? Was soll ich denn sagen?« mokiert sie sich. »Mein Samstag ist echt vollgepackt. Um zwei Uhr Adventssingen in der Seniorensiedlung, dann Geschenke suchen auf dem Weihnachtsmarkt mit Katrin. Wir besuchen dich dann. Paul muß ich auch noch treffen, und heute abend ist Weihnachtsfeier im Jugendzentrum.« Sie seufzt tief, und das klingt enorm wichtig.

»Weihnachtsfeier? Du meinst wohl Disco?«

Silvia überhört Peters Bemerkung. »Mit Tisch abdecken ist heute nichts. Du bist sowieso dran«, sagt sie. »Kann ich gehn, Mami?«

Die Mutter wundert sich schon gar nicht mehr. Alle sind heutzutage im Streß, sogar die Kinder. Besonders jetzt, so kurz vor Weihnachten. Ihr geht es nicht anders.

»Räumt doch zusammen ab«, schlägt sie vor. »Dann braucht ihr nur die Hälfte der Zeit. Ich muß auch gleich weg.«

Nie hat Mama Zeit, denkt Peter. Seit Wochen strickt sie und häkelt.

Und färbt sogar meine alten Lieblings-T-Shirts. Für diesen Weihnachtsmarkt, ohne mich zu fragen. Und was ist mit den Weihnachtsplätzchen? Noch kein einziges Mal hat es danach gerochen.
Kaum hat Peter die Lebkuchen im Kopf, da fügt die Mutter hinzu: »Aber morgen wird mit vereinten Kräften gebacken! Nehmt euch mal nichts vor! Beide!«
»Das auch noch«, stöhnen Peter und Silvia wie aus einem Mund. Nicht mal sonntags kann man ausschlafen. Es kommt selten vor, daß sie sich einig sind.
Peter sieht einen Berg Haselnußmakronen vor sich. Das stimmt ihn wieder versöhnlich. Dafür lohnt's sich, denkt er.
Es läutet, und Peter stürzt zur Tür.
»Hab' ich mir doch gedacht. Es ist Christian. Tschüs, Mami, tschüs, Silvia!« ruft er, reißt seine Jacke vom Haken, und schon ist er verschwunden.
Auf dem Weihnachtsmarkt sind sehr viele Leute. Peter und Christian drücken sich an den Verkaufsständen vorbei mit den verlockenden Gerüchen: Duftkerzen, Duftlampen, Duftsteine und Räuchergefäße, gebrannte Mandeln, dampfende Maronen.
»Sogar Bratwürste!« Peter läuft das Wasser im Mund zusammen. Vor dem Stand einer Glasbläserei ist das Gedränge so groß, daß Christian und Peter neugierig stehen bleiben.
»Das ist ja eine Glasbläserin! Schau, wie sie die Kugel einsticht und das Glas nach innen drückt!« Die beiden staunen. »Und eine Krippe ist in der Kugel!«
Plötzlich fällt Christian ein: »Wir müssen ja Anja ablösen!«
Der kleine Tisch, auf dem die Waren von Christian, Peter und Anja ausgebreitet liegen, ist zwischen Glühwein und Döner Kebab eingeklemmt.
»Ausgerechnet«, findet Peter. »Immer werd' ich an Essen erinnert.«
»Ihr habt euch ganz schön viel Zeit gelassen«, motzt Anja die beiden Jungen an. »Und ich darf hier alleine vor mich hinfrieren.«
»Nur nicht aufregen. Wie läuft denn das Geschäft?«
Christian bleibt cool. Die Idee mit dem Flohmarkt kam von ihm. Als er davon erfuhr, daß man das eingenommene Geld vom Weihnachtsmarkt für ausländische Kinder verwenden wird, war er Feuer und Flamme. Sein Vater hatte in letzter Zeit Abend für Abend, wenn er

nach Hause kam, viel von Familien und Kindern erzählt, die in der Flüchtlingszentrale ankommen. Das ließ ihn nicht los.
Groß war das Echo in der Schule nicht. Alle hatten was Wichtiges vor. Nur Anja, die war voll dabei. Aber die ist auch Klasse, findet Christian. Außerdem kennt sie Fong, Sarahs Adoptivschwester aus Vietnam, und weiß eine Menge über Flüchtlinge. Und Peter machte natürlich mit, auf den ist immer Verlaß.
Es war ganz schön viel zusammengekommen bei der Klamottensuche, staunten Peter, Christian und Anja heute mittag, als sie gleich nach der Schule ihren Flohmarkt aufbauten. Alte Spielsachen, die sie nicht mehr brauchten, wurden hervorgekramt. Ziemlich viel Gerümpel fanden die drei bei Christian im Keller. Sogar Kaffeekrüge, Salzfässer und alte Messerbänkchen. Die mußten nur blankgeputzt werden.
Anjas großer Bruder steuerte noch Schallplatten und Bücher bei. »Ich höre nur noch CDs, und einmal gelesene Bücher brauch' ich eh nicht mehr«, war sein Kommentar.

Neugierig bleibt eine Frau am Tisch stehen. »Puppengeschirr? Zeig mal, wie niedlich! Genau so was kann ich für die Puppenstube meiner Enkelin brauchen. Was kostet alles zusammen?«
»Zehn!« sagt Anja blitzschnell, bevor die andern noch den Mund aufmachen. Die Frau nimmt ihr Portemonnaie und zahlt.
»Du siehst, es läuft. Und ich krieg' kalte Füße, ihr Trödler!«
Manchmal ist sie ganz schön schnippisch, die Anja, denkt Christian.

Er mag sie trotzdem. Ganz dicht steht er vor ihr. Es kommt ihm vor, als kitzle ihn ihr Atem: »Geh nach Hause, eh du hier anfrierst. Da kannst du dich aufwärmen«, schlägt er vor. »Aber vergiß ja nicht: um fünf ist Hauptprobe, du Engel. In der Kirche.«
Der Kinder-Flohmarkt hat sich schnell herumgesprochen. Gebrauchte Spielsachen sind gefragt, besonders bei den Leuten vom Döner-Kebab-Stand. Die sind richtig in ihrem Element, weil Peter und Christian sich auf Handeln einlassen. Das ist in der Türkei so üblich. Die Jungen verkaufen gut, und beraten müssen sie auch noch.
»Ich weiß nicht, was ich unserem Nachbarbuben schenken soll. Er hat ja eigentlich alles», klagt eine Frau. Sie steht schon eine Weile unschlüssig da und sieht Peter hilflos an. »Wie wär's mit einem Comic? Der kommt immer an.«
Peter zeigt auf die Hefte. Eigentlich liegt er ganz richtig, aber: »Kann man denn so was schenken?« fragt die Frau unsicher.
»Na klar! Comics immer!«
Er muß es ja wissen, denkt sie, er ist so alt wie der Thomas. Als sie bezahlt, guckt sie ganz zufrieden. »Du hast mir wirklich geholfen.«
Nach zwei Stunden werden Peter und Christian unruhig. »Wir machen Schluß«, meint der eine, und der andere nickt. »Ich bin auch dafür. Die Hauptprobe. In einer Stunde bist du Schafhirte.«
»Und du bist Herodes.«
»Packen wir den Rest zusammen. Wieviel wir wohl verdient haben?«
Zu Hause bei Peter verstauen sie zwei Kisten im Kinderzimmer. »Das räume ich später auf, wenn ich Zeit habe«, meint Peter.
Das Geld wird gezählt. Es ist kaum zu glauben: »Sage und schreibe hundertdreiundvierzig Piepen.«
»Toll! Und jetzt?«
Sie überlegen.
»Das Geld verstecke ich unter der Matratze, und Montag bringen wir es ins Rathaus.«
Christian hat den Flohmarkt bereits vergessen. Er denkt schon ans nächste Vorhaben. Und an Anja. Peter fällt der Hirtenstock ein, den er noch schnitzen wollte.
Morgen, denkt er.
»Noch eine halbe Stunde. Komm, wir rennen. Die sind bestimmt schon alle da.«

Zum Selbermachen: Friedens-Adventskalender

Wie schön wäre es, würden sich alle Menschen die Hände reichen und in Frieden miteinander leben. Weil das scheinbar nicht möglich ist, hat sich Christine Egger einen besonderen Adventskalender ausgedacht: Kinder aus aller Welt schließen einen Kreis um die Erde.

Was du brauchst:

12 Käseschachteln
12 Zündholzschachteln
12 Stück Karton,
1 großer Karton 70x100 cm
Reste von Stoff, Pelz, Leder, Garn sowie allerlei Krimskrams wie Knöpfe, Ringe, Bastschnüre, Bänder, Pfeifenputzer usw.
Farbpapier
Alleskleber, Klebstreifen, Plakatfarben und Dispersionsfarben, Zirkel,
24 kleine Geschenke, z.B. Kaugummi, Luftballons, Schokolade

So wird's gemacht:

Aus den 12 Käseschachteln und den 12 Kartons bastelst du die Kinder. Dazu schneidest du 12 Kreise in der Größe der Käseschachteln aus Papier aus und malst darauf Gesichter. Die dazugehörigen Körper schneidest du aus dem Karton aus. Nun klebst du die Gesichter auf die Deckel der Käseschachteln und befestigst diese an den ausgeschnittenen Körpern.

Jede Figur kannst du bunt anmalen oder sie mit Haaren und Kleidern versehen. Dabei mußt du allerdings aufpassen, daß der Deckel der Schachteln nicht verklebt wird. Die Schachteln müssen sich noch öffnen lassen.

Kleider: Stoffstücke groß genug schneiden, und Ränder an der Rückseite des Körpers mit Klebstreifen festkleben.

Nun schneidest du aus dem großen Karton einen Kreis mit 70 cm Durchmesser aus. Darauf malst du einen weiteren Kreis mit 50 cm Durchmesser und zeichnest dahinein eine Weltkarte. Auch das kannst du farbig ausmalen.

Die gebastelten Kinder befestigst du nun mit Klebstoff oder Stecknadeln rund um die Weltkarte. In jede Käseschachtel und Zündholzschachtel gibst du kleine Geschenke. Anschließend verpackst du die Zündholzschachteln mit buntem Papier und heftest sie als Geschenkpäckchen an die Hände der Kinder.

Zum Schluß zeichnest du auf jede Käse- und Zündholzschachtel eine Zahl von 1 bis 24.

Haare

1. Wolle auf einen DIN A 4-Karton wickeln

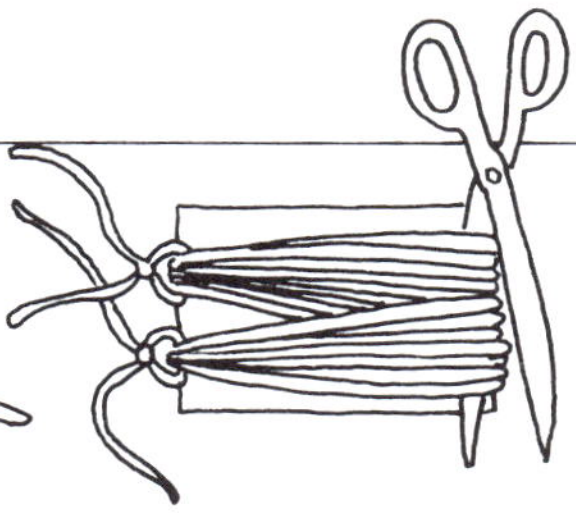

2. Büschelweise oben mit Garn verknoten, unten aufschneiden

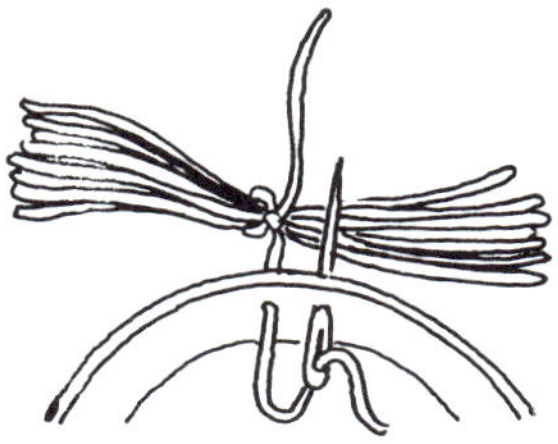

3. Am Schachteldeckelrand mit einer Wollnadel annähen, außen verknoten

4. Haare entsprechend der Frisur kürzer schneiden oder zu Zöpfen flechten

Kraushaar

Pfeifenputzer auf Kellenstiel aufdrehen

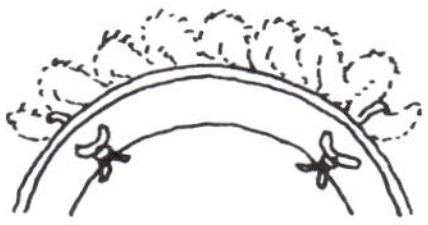

Am Schachteldeckelrand mit Garn annähen wie die Haarbüschel

Russenhut

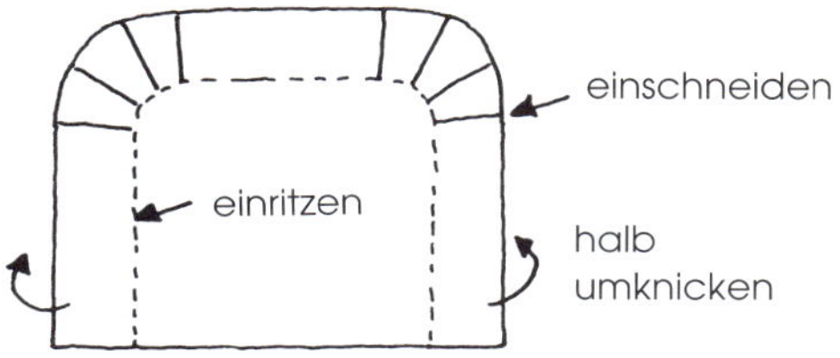

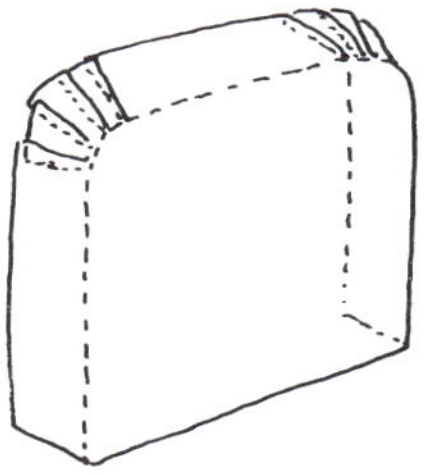

Ecken festkleben

Chinahut

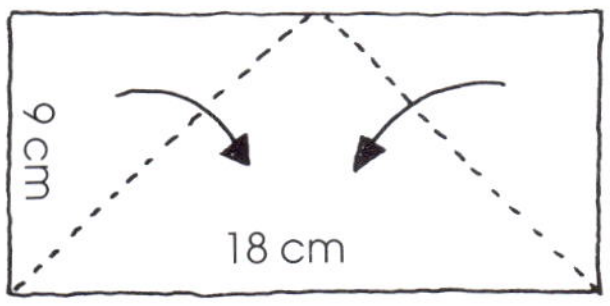

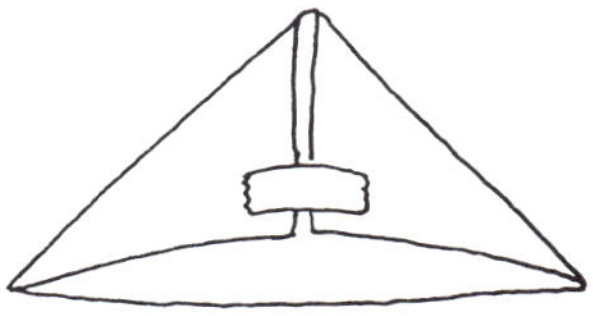

Sombrero

Aus einem Karton (18 x 24 cm) den Hut ausschneiden

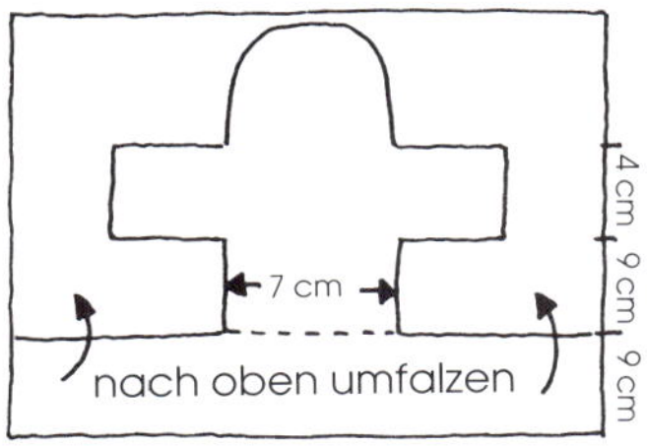

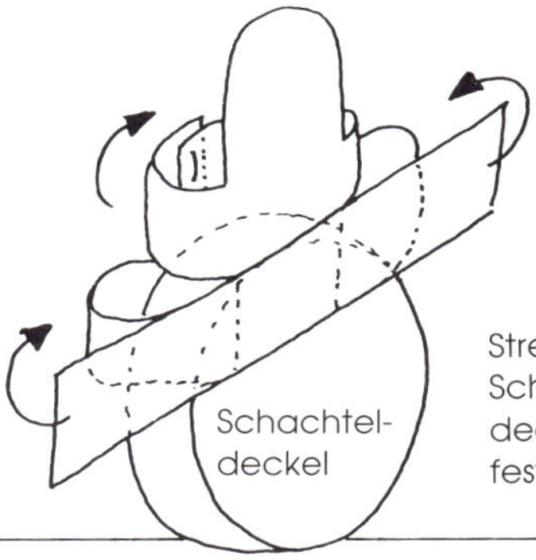

Streifen am Schachteldeckelrand festklammern

Was macht die UNICEF?

UNICEF ist die Entwicklungsorganisation der Vereinten Nationen (UNO) für das Kind. UNICEF will in jedem Land der Welt das Bewußtsein für die Rechte der Kinder stärken, diese Rechte schützen und so bessere Bedingungen für eine gesunde Entwicklung der Kinder schaffen. UNICEF ist vor allem dort tätig, wo die Not am größten ist: bei den wirtschaftlich Schwächsten, den Kindern und Frauen in den Entwicklungsländern. Durch langfristige Entwicklungsprojekte sollen hier die Lebensgrundlagen von Kindern und Müttern verbessert werden. Auskünfte über die Arbeit von UNICEF erteilen

in Deutschland:
Deutsches Komitee für UNICEF
Höninger Weg 104
D - 50939 Köln

in der Schweiz:
Schweizerisches Komitee für UNICEF
Werdstraße 36
CH - 8021 Zürich

in Österreich:
Österreichisches Komitee für UNICEF
Wagramer Straße 9
A - 1400 Wien

Quellenverzeichnis

Ruth Dirx, *An Weihnachten sind wir alle Italiener* aus: Ruth Dirx und Rena Sack (Hrsg.), »Weihnachten in aller Welt«; Ernst Kaufmann Verlag, Lahr 1989.

Jenseits vom See Genezareth aus: »Unicef Adventskalender Unsere Welt«; Unicef Schweiz o. J.

Renate Welsh, *Das Trommelfest* aus: Renate Welsh, »Ich verstehe die Trommel nicht mehr«; Jungbrunnen Verlag, Wien 1979.

Rena Sack, *Amali und Amal* aus: Ruth Dirx und Rena Sack (Hrsg.), »Weihnachten in aller Welt«; Ernst Kaufmann Verlag, Lahr 1989.

Heinrich Maria Denneborg, *Weihnachten in Santo Amaró* aus: Barbara Bartos-Höppner (Hrsg.), »Weihnachtsgeschichten unserer Zeit«; Arena Verlag, Würzburg 1971.

Langston Hughes, *Ein Heiligabend*. Reclam Verlag, Leipzig. Originaltitel: One Christmas Eve. © 1934 by Alfred A. Knopf Inc.. Abdruck mit Genehmigung der Liepman AG, Zürich.

Ursel Scheffler, *Ayshe und der Weihnachtsmann* aus: Ursel Scheffler, »Adventskalender Geschichten«; Herder Verlag, Freiburg 1991.

Die Deutsche Bibliothek – CIP-Einheitsaufnahme

Ein Fest wie Weihnachten: das UNICEF-Weihnachtsbuch / Jutta Radel. Mit farb. Bildern von Marlis Scharff-Kniemeyer. – 3. Aufl. – Würzburg Arena, 1996
ISBN 3-401-04424-9
NE: Radel, Jutta; Scharff-Kniemeyer, Marlis; UNICEF

3. Auflage 1996

Einband und Illustrationen: Marlis Scharff-Kniemeyer
Gesamtherstellung: Westermann Druck Zwickau GmbH
ISBN 3-401-04424-9